ALÉM DA ÁREA TÉCNICA

O Percurso de Desenvolvimento do Treinador de Futebol

Catalogação na Fonte
Elaborado por: Dayanne Leal Souza
Bibliotecária CRB 9/2162

C284a
2024

Carlos Neto, Luan
Além da área técnica: o percurso de desenvolvimento do treinador de futebol / Luan Carlos Neto. – 1. ed. – Curitiba: Appris, 2024.
131 p. : il. ; 21 cm.

Inclui referências.
ISBN 978-65-250-6958-6

1. Treinador de futebol. 2. Formação. 3. Futebol. I. Carlos Neto, Luan. II. Título.

CDD – 796

Appris editora

Editora e Livraria Appris Ltda.
Av. Manoel Ribas, 2265 – Mercês
Curitiba/PR – CEP: 80810-002
Tel. (41) 3156 - 4731
www.editoraappris.com.br

Printed in Brazil
Impresso no Brasil

Luan Carlos Neto

ALÉM DA ÁREA TÉCNICA

O Percurso de Desenvolvimento do Treinador de Futebol

Curitiba, PR
2024

FICHA TÉCNICA

EDITORIAL	Augusto V. de A. Coelho Sara C. de Andrade Coelho
COMITÊ EDITORIAL	Marli Caetano Andréa Barbosa Gouveia (UFPR) Edmeire C. Pereira (UFPR) Iraneide da Silva (UFC) Jacques de Lima Ferreira (UP)
SUPERVISORA EDITORIAL	Renata C. Lopes
PRODUÇÃO EDITORIAL	Adrielli de Almeida
REVISÃO	Viviane Maria Maffessoni
DIAGRAMAÇÃO	Bruno Nascimento
CAPA	Carlos Pereira
REVISÃO DE PROVA	William Rodrigues

A maior aventura de um ser humano é viajar,
E a maior viagem que alguém pode empreender
É para dentro de si mesmo.
E o modo mais emocionante de realizá-la é ler um livro,
Pois um livro revela que a vida é o maior de todos os livros,
Mas é pouco útil para quem não souber ler nas entrelinhas
E descobrir o que as palavras não disseram...

(Augusto Cury)

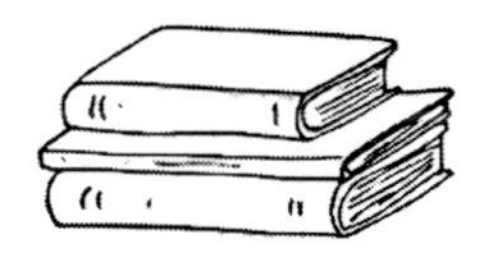

O que achamos conhecimento é uma combinação do que a realidade traz com as formas da nossa sensibilidade e as categorias do nosso entendimento. Não podemos captar as coisas em si mesmas, mas apenas como as descobrimos, através dos nossos sentidos e da inteligência que ordena os dados oferecidos por eles. Isso significa que não conhecemos a realidade pura, mas apenas como é o real para nós. O nosso conhecimento é verdadeiro, mas não chega senão até onde lhe permitem as nossas faculdades.

(Immanuel Kant)

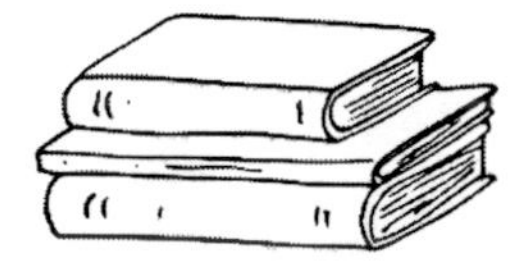

Futebol é ciência e arte. Se alguém pensa: isto é apenas uma arte, acho que está errado; com as ferramentas que temos neste momento, sentir que é apenas uma arte, acho que é desperdiçar potencialidades. Mas se tu pensares que isto é só ciência, e que apenas uma análise científica é suficiente, está completamente enganado, porque o futebol é uma arte, começando pelos jogadores que são os mais importantes no jogo.

(José Mourinho)

AGRADECIMENTOS

Agradeço de coração à minha família e aos meus amigos, que sempre me incentivam a perseguir meus sonhos.

Aos jogadores que já passaram pela minha vida, vocês são fundamentais no meu processo contínuo de formação.

Aos meus professores, que me ensinaram e continuam a ensinar a importância da educação.

Aos amigos que aceitaram o convite para fazer parte desta obra, minha gratidão por suas contribuições valiosas.

A minha avó "ia" e a minha tia Marta (*in memoriam*), que nos deixaram há algum tempo, mas que tanto fizeram por mim ao longo de suas vidas. Suas lembranças e ensinamentos continuam a me inspirar todos os dias.

E, especialmente, a Deus, minha maior força.

Este livro é inteiramente dedicado
a minha maior referência,
minha mãe, Cida.

APRESENTAÇÃO

Esta obra é destinada a todos que, assim como eu, refletem diariamente sobre todos os aspectos que envolvem o futebol. Meu objetivo é divulgar, sem receios nem constrangimentos, minha visão sobre o treino, o jogo e outras temáticas que estão presentes no percurso de desenvolvimento do treinador de futebol.

Neste livro, compartilho minha jornada desde os primeiros passos até a realização do sonho de estar na área técnica de um campo. Relato os desafios que moldaram minha carreira, oferecendo uma visão particular sobre o futebol.

A obra começa com minha trajetória pessoal, destacando as lições aprendidas ao longo do caminho e a importância da formação contínua. Ao longo do livro, relato experiências no esporte e ofereço reflexões que transcendem o jogo, incluindo lições sobre liderança inspiradas por obras como *O Pequeno Príncipe*, meu livro favorito.

Minha intenção é realçar o treino de futebol a partir da especificidade, com ênfase no modelo de jogo e na importância das relações pessoais em todo esse processo. Trago orientações sobre conselheiros influentes na minha carreira, destacando autores do futebol e de outras áreas como Júlio Garganta, Manuel Sérgio, Alcides Scaglia e Mário Sérgio Cortella.

Na parte final do livro, teremos a participação especial de uma grande referência, o professor português Júlio Garganta, que contribuirá de forma expressiva com os temas abordados no transcorrer desta obra.

O que humildemente divulgo não é uma verdade absoluta ou fórmulas prontas, pois no futebol e na construção de carreiras isso não existe. Trata-se de uma intenção de apoiar todos os que estão vivendo seu percurso de desenvolvimento e que desejam compreender o futebol sob uma ótica mais ampla, buscando constantemente uma formação contínua.

PREFÁCIO

COM O QUE ENTÃO QUER SER TREINADOR?

Certa feita escrevi a crônica *Com o que então quer ser treinador?* Ela tinha o título homônimo ao do livro escrito pelo destacado professor e treinador português Teotônio Lima, que li no início da minha graduação.

Mais do que o conteúdo, o título muito me inquietou ao longo dos anos de formação. Ele me soava como uma provocação, como se me dissesse: o que você tem para ser treinador? Quais os conhecimentos você domina para se dizer capaz de ser treinador?

Ele como que gritava: "não venha me dizer que você sabe tudo sobre tática"; "conhece muitos treinos e modelos de jogo"; "sabe ler como a equipe adversária joga". Pois isto é muito pouco, não me permitia esgrimir com o título da obra de Lima.

Para ser sincero, nunca nutri a vontade de ser treinador, mas trabalhando com o futebol, inevitavelmente exerci essa função mesmo que em equipes infantis e universitárias, contudo, logo fui constatando, na prática, que para ser um bom treinador era mesmo necessário um cabedal de conhecimentos muito além dos táticos e técnicos.

A teoria da motricidade humana defendida e propalada pelo professor Manuel Sérgio, já advertia sobre a necessidade de aprender sobre o humano, ou seja, não era apenas um corpo biológico que corria e respondia aos meus comandos e treinos, mas sim um ser humano que se movia intencionalmente, deixando sua marca singular ao expressar pela motricidade seus desejos e anseios, os quais iam muito além do fisiológico e bioquímico.

Desse modo, deveria estudar, além, obviamente, de Pedagogia, Teorias de Liderança, Gestão de Pessoas, Psicologia, Neurolinguística, Filosofia, Sociologia e, até, por que não, Estratégias de Coaching. Precisava conhecer e reconhecer minhas bases epistemológicas, dominar uma metodologia de treinamento e aperfeiçoar cada vez mais minhas ações didáticas.

Mas, depois de tudo isso, passei a refletir sobre a minha personalidade, por exemplo: como lido com as minhas emoções no jogo? Quanto racional sou? Como lido com o questionamento dos outros sobre o meu trabalho? Como lido com a pressão sem poder diretamente jogar o jogo? Como lido com o resultado de minhas ações que inevitavelmente geram frustração nos outros? Como julgo os outros? E mais outras questões de ordem pessoal.

As minhas respostas a essas questões me levaram imediatamente a perceber que teria uma curta e inexpressiva carreira como treinador. Minhas emoções me trairiam e nunca conseguiria lidar friamente com as urgentes, precisas e necessárias tomadas de decisão, custasse o que custasse, para o bem da equipe (mesmo que isso afetasse tristemente os indivíduos que usei para tentar ganhar o jogo).

Foi assim que me descobri mais pedagogo. Foi desse modo que o professor falou mais alto que o treinador. E o treinador se aposentou mesmo antes de começar realmente a trabalhar.

Felizmente, existem pessoas muito melhores do que eu, preparadas para imbricar o professor e o treinador.

O Luan é uma dessas pessoas!

Conheci o Luan em meio às minhas andanças pelo Brasil, trocando conhecimentos. E estabelecemos uma simbiose pedagógica de imediato, concomitantemente aos intercâmbios de ideias e propostas de ação.

Desse modo, é uma honra ser convidado a prefaciar este instigante livro. Uma obra que pulsa pedagogia, conhecimentos diversos de vida e interdisciplinares, por essência. Os quais mostram a qualidade e grandeza intelectual do Luan em buscar e conciliar pensamentos, teorias e ideias dos mais diferentes locais, para formar o treinador que é.

Da poesia, passando pela Literatura, Filosofia, Sociologia, Psicologia, pelas Ciências do Esporte e Educação Física, por meio de expoentes, como o professor Júlio Garganta, o filósofo Manuel Sérgio, o escritor Saint-Exupéry, o treinador Mourinho, dentre outros destacados personagens/jogadores que foram escalados pelo treinador Luan, para jogar e mostrar os caminhos que podem auxiliar na formação de excelentes treinadores.

Por fim, prefacio um livro que deve se tornar referência para jovens e aspirantes treinadores e treinadoras. A história de vida do nosso Luan Carlos Neto, na busca pela excelência pessoal e profissional, é um presente e uma aula. Com este livro é possível responder, à altura, à provocação do título. O Luan sabe muito bem com o que ele é um excelente treinador.

Prof. Dr. Alcides Scaglia

Livre-docente pela Universidade Estadual de Campinas (Unicamp)

SUMÁRIO

INTRODUÇÃO

ANTES DE ESCREVER UM LIVRO É NECESSÁRIO VIVÊ-LO

Li e reli essa frase diversas vezes, refleti muito sobre ela. Entendi que escrever é um processo vivo, contínuo e necessário. E refletindo sobre esse processo da escrita, percebo a importância de absorver experiências e conhecimentos antes de dar vida a um livro. Antes de escrever é necessário ler.

A leitura tem se tornado não apenas um hábito, mas uma aliada essencial nesse percurso de desenvolvimento que assumo diariamente. Cada livro que leio não só enriquece minha bagagem intelectual, mas também me proporciona um vasto repertório de referências e inspirações.

A busca por conhecimento é ininterrupta. Acredito, com muita força, no poder do aprendizado contínuo. Por meio dele podemos conquistar oportunidades e desenvolver nossa caminhada na trilha desejada.

Escrevo este livro pois o busquei em diversas estantes, e não o encontrei. Especialmente, quando estava florescendo em meu coração o desejo e o sonho de ser treinador de futebol. E no momento em que estamos iniciando nessa profissão tão complexa, é preciso buscar entender um pouco mais desse cenário futebolístico. Sobretudo quando não trilhamos o caminho dos atletas profissionais, mas sim do mundo acadêmico.

Escrever um livro é a realização de um grande sonho, onde a oportunidade de aprender e compartilhar conhecimento é única. O objetivo é incentivar a todos que se dedicam a aprimorar seus conhecimentos e se esforçam para alcançarem a excelência naquilo que se propõem a fazer. Este livro busca auxiliar aqueles que, como eu, estão mergulhando nesse universo desafiador e apaixonante do futebol. Dentro deste processo de escrita, citarei livros e autores que são grandes "conselheiros". Os nossos maiores e mais acessíveis conselheiros estão em nossas estantes.

"Onde não existe conselho fracassam os bons planos, mas com a cooperação de muitos conselheiros há grande êxito".

Provérbios 15:22 (Bíblia Sagrada)

Talvez eu seja questionado pelo "pouco tempo" de percurso, ou quem sabe até pela "pequena bagagem" que carrego. Mas saibam que tudo isso é muito relativo. Vivo no futebol há um bom tempo, mas o que vocês vão ler aqui não é, necessariamente, sobre o tempo vivido, mas sim a intensidade colocada em cada passo dado nesse percurso que exige desenvolvimento constante. Intensidade é colocar vitalidade naquilo que você faz "aqui e agora".

Essa intensidade me fez mergulhar em temas, em estudos e em relações que me enriqueceram bastante, me deram uma direção daquilo que eu queria. E como é importante saber o que se quer...

Não adianta apenas ser dedicado e dar o seu melhor se você não sabe o que quer ou para onde está indo. Esforço sem direção não gera resultados; no máximo, causará estresse e frustrações. Por isso, o esforço precisa ter um rumo. E esforço direcionado é a intensidade aplicada na prática.

Li um livro (e recomendo que você também leia), chamado *Alice no País das Maravilhas*, de Lewis Carroll (1832-1898). Esse não é apenas um livro infantil, mas uma obra repleta de profundas reflexões filosóficas. Uma passagem em particular me marcou bastante. Em certo momento da história, a personagem principal, Alice, encontra um Gato (que fala) enquanto está em uma estrada. Ao vê-lo, ela pergunta: *"Para onde vai esta estrada?"* E o Gato responde: *"Depende! Para onde você quer ir?"* Alice, então, diz: *"Eu não sei, estou perdida."* A resposta do Gato nos oferece uma reflexão valiosa:

"Para quem não sabe para onde vai, qualquer caminho serve".

Um caminho qualquer é insuficiente para quem deseja vencer e alcançar seus objetivos, por isso, o tempo que passamos caminhando é importante, mas não adianta percorrer quilômetros de estrada se não soubermos a direção que estamos tomando.

Aonde queremos chegar? Como queremos chegar? Essas são perguntas essenciais. Pensando nelas, destaquei alguns pontos importantes no percurso de desenvolvimento do treinador de futebol neste livro. Com base nas minhas experiências, nas leituras que fiz e nas pessoas com quem me relacionei, quero compartilhar esses conhecimentos para ajudar mais pessoas na construção de seus ideais.

Não vou apresentar receitas ou fórmulas prontas, pois ressalto que não acredito nelas quando se trata de construção de carreiras, em vez disso, destacarei conceitos. Esses conceitos vão provocar concordância e discordância, farão você refletir e, por meio dessa reflexão, aprender. Mantenha o coração e a mente abertos, pois essa jornada começa agora. E o primeiro conceito desse percurso é a ***adaptação***.

SE ADAPTAR É NECESSÁRIO

Existir é estar adaptado a um meio.
(Fernando Pessoa)

CAPÍTULO 1

ADAPTAÇÃO

Quanto mais eu ando,
Mais vejo estrada
E se eu não caminho
Não sou nada.
O Plantador (Geraldo Vandré)

O futebol me levou a diversos lugares, me apresentou a muitas pessoas e clubes, e me colocou em várias situações diferentes. Cada um com suas próprias condições, pontos fortes e fracos, culturas distintas e variados climas, desde o calor extremo até o frio intenso...

O Brasil é um país com dimensões continentais. Do Norte ao Sul as diferenças são grandes, cada região exibe suas próprias peculiaridades, distâncias vastas e culturas distintas. Ao longo da minha trajetória, tive o privilégio de trabalhar em clubes situados em diferentes partes do país – Centro-Oeste, Sul e Nordeste. Em cada local, me vi confrontado com exigências únicas que demandavam uma rápida adaptação.

E para além da adaptação regional e cultural, é importante, também, a adaptação ao novo clube. Pois cada um tem sua própria história, sua própria identidade e seus próprios valores.

Sabemos que o treinador no futebol brasileiro não tem tanto tempo para desenvolver e colocar em prática suas ideias, por isso a adaptação precisa ser quase que imediata.

Portanto, se torna cada vez mais importante estudar para onde estamos indo, contextualizar aquele ambiente, se inteirar de como as pessoas vivem naquela cultura. Precisamos investir nesse processo. Quando aprendemos sobre uma determinada cultura, nos adaptamos a ela mais rápido, conseguimos interagir de forma significativa, e a partir disso aplicamos ideias dentro desse contexto com mais facilidade e assertividade.

A grande maioria dos clubes, já possui livros sobre sua história, suas conquistas. É crucial mergulharmos nessas fontes para compreendermos a fundo a história por trás da camisa que vestimos ou vestiremos. Outro meio de buscarmos essas informações é a internet. Ao alcance das mãos temos acesso imediato, não apenas ao momento presente do clube, mas também ao seu contexto histórico. Embora possa parecer simples, investir tempo e energia nesse conhecimento é um dos princípios fundamentais para uma adaptação eficaz e ágil. Facilitando a familiarização do treinador com a instituição.

Quando um treinador se familiariza com a cultura de seus jogadores e do clube, ele não apenas constrói um relacionamento mais sólido com sua equipe, mas também é capaz de adaptar suas estratégias e métodos de treinamento de acordo com as necessidades específicas desse contexto.

Mas ao vestir a camisa de um determinado clube, o treinador não está apenas assumindo uma função profissional, mas também se comprometendo com toda uma comunidade de torcedores, jogadores, funcionários e dirigentes. Isso envolve não apenas entender a história do clube, seus feitos passados e sua identidade única, mas também respeitar e incorporar os valores que são importantes para a instituição.

Trabalhei em um clube em que, por causa do seu maior rival, era proibido mencionar o número 13, sendo substituído por "12+1". Em outros dois clubes, a cor verde era evitada a todo custo, não podíamos usar roupas com nenhuma tonalidade de verde. Esses exemplos destacam as tradições de cada instituição, e reforça a intensidade das paixões dos torcedores e das rivalidades entre os clubes em diferentes regiões deste país. Compreender e se integrar a esses cenários é não só uma medida inteligente, mas também fundamental para o desenvolvimento da nossa carreira. Nesses contextos, a adaptação foi imprescindível; era essencial mergulhar na cultura local e respeitar todas as suas nuances. Felizmente, eu já não usava tanto a cor verde, e, também não era um grande fã do número 13. Ou será que era?

A verdade é que o número 13 tem um significado importante para mim, ao fim do livro falarei sobre ele. Mas naquele momento a exigência era de adaptação e respeito com a cultura interna do clube.

A adaptação é um processo rico, vivo e complexo. Adaptar-se às diferenças regionais, às diferenças clubísticas, aos seus contextos, tudo é fundamental. Mas tão importante quanto, é a adaptação aos elencos, diretorias e comissões técnicas que encontramos em cada um desses lugares.

Iremos nos deparar com diretorias mais participativas, que gostam de "interferir" no trabalho de campo (interferir no bom e, alguns, até no mau sentido). Elencos mais jovens ou mais experientes. Comissões técnicas mais envolvidas, outras nem tanto. Diferenças que precisam ser percebidas e entendidas celeremente, pois a forma de se relacionar com cada um desses componentes é distinta.

Essas diferenças nos exigem transformação sem perder identidade, e sem perder a essência do que e de quem nós somos. Além disso, entender a importância da velocidade dessa adaptação, pois quanto mais rápido entendermos e nos adaptarmos ao cenário, mais inteligente será nossa forma de influenciar dentro do contexto.

O treinador precisa ser um expert em adaptação, e isso requer conhecimento e, principalmente, autoconhecimento. Devemos alcançar um bom nível de conhecimentos específicos, mas não podemos achar que ser um especialista, dominar as teorias e ter vivenciado várias práticas nos faz capacitados por excelência. Todos nós estamos em constante construção. Ao conhecer diferentes lugares, situações e pessoas, começamos a entender que podemos e devemos ser menos especialistas, e nos tornarmos mais aprendizes e humanos.

As experiências têm o poder de nos deixar mais abertos para o aprendizado, ou ao menos deveria.

"Adaptação.

Eis aqui um traço desconhecido de Guardiola. **Adaptação aos jogadores, ao contexto, ao rival e às circunstâncias.** A Alemanha o obrigou a extrair de seu interior essa característica pouco empregada em sua carreira como treinador. **Adaptar-se para ser capaz de impor sua proposta.** Adaptar-se como um camaleão. **Não são os mais fortes nem os mais inteligentes que sobrevivem, mas aqueles que melhor se adaptam".**

Martí Perarnau (Pep Guardiola: A Evolução, 2017)

"Não há razão para mudar de repente as rotinas com as quais os jogadores já estão acostumados. Isso é contraproducente, enfraquece a moral e imediatamente leva os atletas a questionar os motivos do recém-chegado.

Um líder que chega a um novo ambiente** ou herda um papel importante **precisa conter o impulso de mostrar sua virilidade".

(Alex Ferguson)

Ser Especialista sem deixar de ser Humano.

Quem sabe só de futebol, de futebol nada sabe.
(Manuel Sérgio)

CAPÍTULO 2

A FORMAÇÃO

O especialista é um homem que sabe cada vez mais sobre cada vez menos, e por fim acaba sabendo tudo sobre nada.

(George Bernard Shaw)

Estudar é pré-requisito para adquirir conhecimento e buscar uma formação sólida dentro da carreira que pretendemos construir. É necessário se empenhar continuamente no desenvolvimento educacional, investindo em livros, cursos, congressos, estágios, artigos etc. Tudo isso é necessário, indispensável. Certamente eu não teria construído nada sem esse alicerce.

Sou resultado do mundo acadêmico. Várias oportunidades nasceram a partir da minha formação em Educação Física, além dos cursos que fiz, das especializações, das licenças de treinador, e de tudo que engloba essa engrenagem do conhecimento científico.

O que me conduziu à universidade foi a experiência de um Novo Horizonte. Sim, Novo Horizonte em letras iniciais maiúsculas, pois estou me referindo ao clube de futebol da minha cidade natal, Ipameri-Goiás: o Novo Horizonte FC.

Cresci acompanhando treinos e jogos, participei da escola de futebol, e em meio a tudo isso tive minha primeira vivência no futebol profissional. Fui convidado para ser o auxiliar de roupeiro, ou auxiliar geral do clube. Lavei chuteiras e vestiários, varri arquibancadas, rastelei campo, levava as roupas de treino para lavar, e buscava bolas durante o treino – era a melhor parte.

Acompanhando de perto todas as atividades me vi fascinado em acompanhar os treinos, ver palestras dos treinadores, e assistir aos jogos. Comecei a presenciar os "bastidores" do jogo. Tudo era impressionante, mas o que mais me chamava atenção era ver os treinadores em ação, seja no campo ou em reuniões com os atletas. Eu não compreendia o que estava acontecendo, mas gostava bastante.

Expressei isso a um treinador, e ele me disse que o caminho era estudar, e que a Educação Física poderia ser uma porta de entrada para esse "mundo do futebol". Isso nunca mais saiu da minha cabeça. Era o Plano A, não existiria Plano B.

Devemos ter clareza na busca de novos horizontes para nossa vida; e só teremos essa clareza se nos permitirmos caminhar na direção daquilo que aspiramos ser.

Compreendi, naquele momento, que me especializar em algo era crucial. Entrei para o curso de Educação Física. E assim que ingressei na universidade, me deparei com a clássica pergunta: *"O que você quer ser após concluir o curso?"* A resposta saiu imediatamente, causando surpresa e risos entre os presentes na sala: *"Eu quero ser treinador de futebol."*

Minha professora, que na época era coordenadora do curso e lecionava a disciplina de futebol, me incentivou e apreciou minha resposta. Não por acaso, ela se tornou minha orientadora e amiga ao longo do percurso. Ao ver o espanto da sala e ouvir comentários como *"mas para ser treinador tem que jogar futebol, não estudar"* e *"um curso de educação física não forma treinadores"*, minha vontade era responder algo que eu já sentia, mas ainda não conseguia verbalizar: *"Quem sabe só de futebol, de futebol nada sabe."* No auge dos meus dezesseis anos, eu ainda não tinha contato com os livros e textos do professor Manuel Sérgio. Permaneci em silêncio, mas a convicção na minha resposta foi uma aliada importante:

"Eu quero ser Treinador de Futebol".

A partir da Educação Física, especializei-me em futebol, participando de congressos, cursos, mentorias e estágios. Essas experiências me permitiram aprender mais e aprofundar meus conhecimentos nesse esporte tão complexo e dinâmico. Portanto, especializar-se é um caminho a ser seguido. O que não podemos permitir é que nossa especialização se torne limitadora. Aperfeiçoar-se na área em que se deseja atuar não deve impedir o aprendizado sobre outras vertentes que influenciam o meio em que estamos inseridos.

"Conheça todas as teorias,
domine todas as técnicas,
mas ao tocar uma alma humana,
seja apenas outra alma humana".
(Carl Jung)

O futebol nos exige conhecimentos diversos, conhecimentos gerais, e nos obriga a saber muito além do que fazer para atacar e defender melhor dentro de uma partida. Por meio das adaptações exigidas em cada momento da carreira, nos cabe ser menos especialistas, e mais humanos, mais aprendizes. Temos que nos permitir errar, ouvir e aprender.

Frequentemente, somos condicionados a acreditar que um treinador, por ser especialista em sua área, deve ter todas as soluções e respostas e dominar tudo e todos. No entanto, é fundamental repensar essa visão e permitir-nos evoluir não apenas em nossas habilidades técnicas, mas principalmente em nossas responsabilidades como líderes.

"Nas Ciências Humanas, não estudar o que é especificamente humano equivale a não fazer ciência. Ser especialista em futebol significa ser especialista numa atividade humana e não só física".

(Manuel Sérgio)

Um bom líder (treinador de futebol) precisa ser um "especialista" em lidar com pessoas.

Quem ensina aprende ao ensinar e quem aprende ensina ao aprender. Quem ensina ensina alguma coisa a alguém. É por isso que, do ponto de vista gramátical, o verbo ensinar é um verbo transititvo relativo. [...]

Ensinar inexiste sem aprender e vice-versa.

(Paulo Freire, em *Pedagogia da Autonomia*)

"Sou um pouco de todos que conheci, um pouco dos lugares que fui, um pouco das saudades que deixei e sou muito das coisas e pessoas que gostei".

(Adaptado de Antoine de Saint-Exupéry)

Aos meus PROFESSORES, uma gratidão que aumenta cada vez mais. Obrigado, professora Heliany Pereira dos Santos. (Minha professora, amiga e orientadora no Curso de Educação Física na Universidade Federal de Goiás).

SEGUE O LÍDER?

Um líder que não se organize, não tenha um bom plano operacional, um bom plano anual, um efetivo sistema de periodização, que não avalie as pessoas para saber como é que elas estão, não está a fazer uma boa ação de liderança, está a ser treinador, sem exercer liderança.

(Tomaz Morais)

CAPÍTULO 3

LIDERANÇA

Liderança é ação, e não posição.
(Donald McGannon)

O que para mim é liderança? Para mim liderar não é mandar, para mim liderar é guiar.
(José Mourinho)

Ser treinador de futebol te possibilita assumir um cargo de liderança, mas não te faz um líder. A verdadeira liderança é construída por meio da interação com a equipe. Como treinadores, temos a responsabilidade de nutrir essa interação, proporcionando não apenas a estrutura necessária para o desempenho da atividade, mas também cultivando um ambiente que inspire e motive as pessoas ao nosso redor.

Durante meu percurso, percebi que certos elementos são essenciais para nossas ações de liderança, entre eles, a comunicação se destaca como um dos mais importantes. Nesse sentido, Tomaz Morais nos lembra que "o líder deve ter um bom processo comunicacional, partindo de três princípios: inspirar, estimular e envolver".

O treinador, dentro do processo de liderança, é uma pessoa que se relaciona, que precisa se preocupar com os outros, com as vontades e anseios individuais e coletivos, ter atenção com a harmonia do grupo.

Com isso, tão importante quanto saber falar, é o que falar, quando e como se expressar. Essa percepção comunicativa é fundamental. Por vezes nos perdemos no comando não pelo que falamos, mas pela forma como usamos as palavras, ou até mesmo o momento em que foram ditas.

A comunicação precisa gerar conexão, quando feita de forma assertiva ela afina a sintonia entre as pessoas. Portanto, a comunicação é um fator decisivo na liderança, e requer atenção permanente.

No futebol um ponto determinante na boa comunicação é o diálogo, ou seja, para além de dominar as ações do falar, é preciso ouvir. E o ouvir requer humildade intelectual, pois nosso cargo não nos condiciona a ter o domínio da verdade absoluta. A interação de saberes é determinante na construção saudável de boas relações. Muitas vezes os jogadores podem discordar do que dizemos, e é nossa responsabilidade ouvir e compreender que o diálogo é capaz de acolher a divergência, criando assim, um **ambiente de aprendizagem**.

Ao promovermos a liberdade de expressão e a cultura do diálogo, incentivamos todos a se sentirem parte ativa do processo. O professor e filósofo Mario Sérgio Cortella, autor de diversos livros extraordinários, afirma que: "Em um ambiente cada vez mais propício para que o novo floresça, um comentário despretensioso pode ser o embrião de alguma inovação. Porque as pessoas passam a pensar num modo de partilha".

Vivenciei diversas situações em que a comunicação e a escuta foram fundamentais. Incontáveis vezes percebi atletas mudando comportamentos no dia a dia sem um motivo "claro", por isso, ouvir o que não foi dito, também, é importante. Mas para isso precisamos ter uma boa aproximação e diálogo com nossa equipe. Com essas vivências tenho me atentado, fortemente, para uma boa escuta. Falar bem é importante, escutar é determinante. A escuta é tão essencial para o líder quanto uma bola para um jogo de futebol.

Ao ler o texto "*Escutátoria*" de autoria de Rubem Alves (1933-2014), reforcei ainda mais essa ideia. O texto se inicia assim:

> Sempre vejo anunciados cursos de oratória. Nunca vi anunciado curso de escutatória. Todo mundo quer aprender a falar. Ninguém quer aprender a ouvir. Pensei em oferecer um curso de escutatória. Mas acho que ninguém vai se matricular. Escutar é complicado e sutil[...] Parafraseio o Alberto Caeiro: "Não é bastante ter ouvidos para ouvir o que é dito; é preciso também que haja silêncio dentro da alma". Daí a dificuldade: a gente não aguenta ouvir o que o outro diz sem logo dar um palpite melhor, sem misturar o que ele diz com aquilo que a gente tem a dizer. Nossa incapacidade de ouvir é a manifestação mais constante e sutil de nossa arrogância e vaidade [...].

No ano de 2022 trabalhei com um jogador que vinha de uma sequência não tão positiva na carreira. Estava sendo contestado por comportamentos explosivos em campo, e por sua produtividade aquém do esperado para sua posição. Senti que teria um grande desafio pela frente. Durante a pré-temporada planejei diversas formas de lidar com ele, tentando estimular os seus mais diversos comportamentos impulsivos (quase não marcava faltas a favor dele, não elogiava tanto suas ações positivas, e cobrava bastante suas ações em treino). Tudo, minimamente, planejado. Por vezes me senti constrangido, não era o meu perfil fazer isso, mas afinal, muitas vezes, o treinador precisa desempenhar um papel de "ator", para alcançar os resultados desejados.

Aprendi isso lendo José Mourinho, que afirma que o treinador precisa ser, às vezes, um ator. Na verdade, ele sugeriu que um treinador precisa ter as qualidades de um ator. Mourinho explicou que o trabalho de um treinador exige a assunção de diferentes personalidades para lidar eficazmente com várias situações, gerindo as emoções dos jogadores e as pressões dos jogos. Isto reflete a ideia de que um treinador deve por vezes atuar e adaptar-se de forma dinâmica, tal como faz um ator. Destacando a importância de enfrentar a realidade e adaptar-se às circunstâncias.

Nesse processo de atuação, entendi que criar um ambiente de insatisfação faria com que o jogador mostrasse, de fato, seus pontos vulneráveis, e a partir disso teria mais propriedade para conversar com ele sobre esses tópicos, e assim ajudá-lo de forma mais efetiva. Não queria usar as suas vivências passadas como instrumento principal de transformação, precisava que ele me mostrasse elas no nosso convívio. Assim, a minha interferência seria imediata e mais eficaz.

Entre embates e conflitos construímos algo muito forte juntos. Na preleção do primeiro jogo eu disse a ele perante a equipe *"Você será o melhor centroavante desse campeonato!"*. Uma afirmação que deixou todos surpresos, pois não costumo individualizar elogios perante o grupo. Pode até parecer uma simples frase de efeito, mas contextualizada dentro de tudo que estávamos construindo, teve o impacto necessário. Para inspirar e estimular alguém, precisamos entender o momento e a realidade que estamos inseridos. Comunicação também é adaptação. Se adapte ao seu ambiente, e busque conhecer melhor seus jogadores e sua equipe.

Ele foi um dos principais atletas do nosso time e, também, do campeonato. A nossa equipe foi finalista da competição, surpreendendo todas as análises prévias que haviam sido feitas.

Nas últimas semanas de trabalho, recebi um convite especial dele. Ele e sua esposa me convidaram para ser padrinho do primeiro filho deles. Fiquei imensamente feliz com o convite e aceitei sem hesitar. O nome do bebê, Benjamin, que significa "filho da felicidade", foi uma escolha perfeita para marcar o momento mais significativo na vida desse jogador. Era um período em que ele também estava experimentando um crescimento notável em sua carreira. A felicidade parecia permeá-lo em todos os aspectos. Ser lembrado por ele nesse contexto foi uma confirmação do que sempre acreditei sobre liderança: ela não se resume a uma posição, mas sim a uma ação de relação humana. O nome escolhido para o filho, "filho da felicidade", não poderia ser mais adequado.

No percurso da liderança, temos a possibilidade e a responsabilidade de cultivar conexões significativas, pois é essencial cativar aqueles que estão ao nosso lado. Essa lição está enraizada em mim a partir de uma leitura marcante, meu livro favorito, *O Pequeno Príncipe*, do autor francês Antoine de Saint-Exupéry (1900-1944). Em uma passagem da obra o Pequeno Príncipe encontra-se com a raposa, e o diálogo entre eles é uma verdadeira aula sobre o valor de cativar e liderar. Segue um pequeno trecho do encontro:

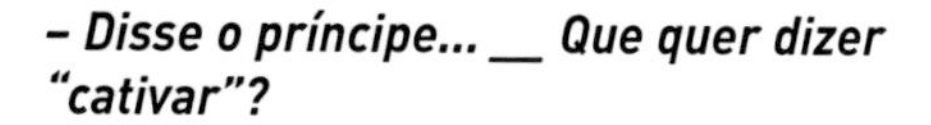
– Disse o príncipe... __ Que quer dizer "cativar"?

– É algo quase sempre esquecido - disse a raposa. __ Significa «criar laços»[...]

– Criar laços?

– Exatamente – disse a raposa.

– Os homens esqueceram essa verdade – disse ainda a raposa. – Mas tu não a deves esquecer. Tu te tornas eternamente responsável por aquilo que cativas.

O nosso desafio vai além das táticas e estratégias; lidamos com indivíduos repletos de sonhos, ambições e vaidades. Dominar o conhecimento do jogo é fundamental, mas é igualmente essencial compreender profundamente as pessoas que nos cercam. É crucial reiterar que liderança transcende a mera atribuição de um cargo; é uma jornada de interação e conexão humana, uma constante ação que requer empatia e compreensão.

António Barbosa, professor português licenciado e doutor em Desporto, nos traz uma reflexão pertinente, afirmando que "o jogador de alto rendimento é um ser humano em que o desporto tem um papel muito importante, mas não exclusivo". Assim sendo, temos que entender a complexidade das relações que temos dentro da nossa equipe. Situações externas ao trabalho podem interferir no rendimento, e a comunicação, a boa escuta, podem ser fortes aliadas para auxiliar nessas questões.

O professor Manuel Sérgio (ler Manuel Sérgio é indispensável) destaca que o futebol é uma atividade humana, antes de ser uma atividade física. É sempre bom refletir sobre essa afirmação. Ele salienta que no futebol (e no esporte em geral) há ações humanas e não só movimentos corporais. Ainda de acordo com o professor "o jogo tem regras? Tem! Mas é sempre um ser humano que as corporiza. E, ao corporizá-las, ele refaz o tempo e o modo de jogo. Não há remates, há pessoas que rematam; não há fintas, há pessoas que fintam; não há defesas, há pessoas que defendem – se eu não compreender essas pessoas, não compreendo nem os remates, nem as fintas, nem as defesas".

Não podemos, então, limitar um conhecimento científico do futebol à fisiologia, tática, técnica ou qualquer outra área isolada.

Em uma conversa publicada no livro *Os jogos por trás do Jogo (2014)* de António Barbosa, entre o Professor Manuel Sérgio e o jogador Saviola, me chamou a atenção quando o jogador afirma algo que percebemos em nossa trajetória ao conversar com os mais diferentes jogadores. Após uma questão levantada sobre quem teria sido o melhor treinador que Saviola já havia trabalhado, o atleta responde que "dos treinadores que tive, talvez tenha sido o Van Gaal o melhor de todos. Mas, por vezes tenho a sensação de que de futebol sabiam todos o mesmo. Mas o melhor é sempre o melhor nas relações humanas".

Desenvolver um bom ambiente nessas relações é um desafio que enfrentamos constantemente. Talvez o termo mais importante para encontrar um equilíbrio nesse contexto é: liderar com justiça. Mas atenção! Ser justo não é tratar todos de forma igual, os seres humanos são diferentes. Portanto, essa ideia de tratar todos igualmente não é o melhor caminho. Devemos, sim, tratar todos com justiça e respeito, mas com as diferenças que as individualidades conferem.

Trabalhamos com elencos de mais de 25 jogadores, cada um com suas próprias experiências de vida e expectativas, por isso, eles necessitam de tratamentos diferenciados. Diariamente, esses jogadores enfrentam pressões e outras emoções, e cada um reage de maneira distinta. À medida que compreendemos como cada um funciona, conseguimos, como treinadores, entender quem está à nossa frente, facilitando a adequação de nossas atitudes, comportamentos e comunicação às necessidades individuais de cada jogador. Isso nos permite estabelecer relações de empatia e confiança, o que, consequentemente, melhora a motivação e o desempenho tanto individual quanto coletivo.

Fair but not equal (Justo, mas não igual) essa é uma afirmação de Jorge Araújo, que deve ser implementada em nossas ações de liderança enquanto treinadores. Os seres humanos são todos diferentes, por que ter tratamentos iguais? Trataremos da mesma forma alguém que se entrega à equipe, que contribui positivamente nos treinos e jogos, e no vestiário, comparativamente a alguém que não se aplica, que cria e dissemina divisões?

Reflexões e mais reflexões. A forma de ser e estar nas aplicações de liderança no futebol é complexa, requer sabedoria e muito conhecimento (e adaptação) do contexto que estamos inseridos.

Conhecimento em todos os aspectos. Dominar o conhecimento do conteúdo futebol é preponderante, pois o treinador pode ser brilhante no domínio do relacionamento humano, estando sempre disponível e atento aos menores problemas que gravitam à volta dos jogadores ou da equipe, mas tudo isso se torna insuficiente se não tiver o conhecimento específico da respectiva modalidade desportiva.

Sabe-se que um conhecimento inadequado ou superficial do conteúdo do futebol pode determinar que o treinador não seja capaz de interpretar as respostas dos jogadores. Pode também impossibilitar a detecção de indicadores de incompreensão ou de pequenos erros e originar a rejeição de soluções apropriadas ou até originais (Graça, 1997). Pode ainda contribuir para uma deficiente leitura de jogo, com as inerentes dificuldades em sugerir propostas que induzam a melhoria da eficácia dos jogadores e da equipe.

"O melhor treinador é o maior dos 'ladrões' porque se esforça sempre por aumentar a soma dos seus conhecimentos".

Essa afirmação foi feita pelo treinador Fabio Capello, quando era treinador da Juventus da Itália, em 2004, citado por Simon (2005). Ele segue a reflexão dizendo que procura roubar ideias de outros treinadores, dizendo que "estamos num mundo de 'ladrões', porque se esforça sempre por aumentar a soma dos seus conhecimentos. Quando vejo treino ou jogos, procuro sempre roubar qualquer coisa. Se renunciamos a isso fossilizamos. Vou sempre aos estádios ver os grandes campeonatos. Não os vejo na televisão: é muito redutor, não se vê nada".

Pep Guardiola diz que "no futebol aprendemos olhando e pensando; observando e refletindo". O treinador deve observar e analisar as partidas e treinamentos; deve extrair ensinamentos de seus mestres para aplicá-los em outros contextos; deve confrontar opiniões dentro de sua comissão técnica e também com outros treinadores; deve ensaiar e testar movimentos novos, consultar e debater com os jogadores; deve analisar rivais, ver jogos, estudar vídeos, revisar erros, repassar detalhes e refletir sobre tudo isso; deve ler livros e documentos de análises, fazer curso de atualização e compartilhar experiências com outros técnicos de futebol e de outras disciplinas esportivas; deve "desaprender"; e, se for possível, deve investigar a história do futebol para saber com precisão de onde viemos (Martí Perarnau, 2017, p. 228).

Reforçando a importância de aprendermos constantemente esses conteúdos referentes ao jogo, é importante ressaltar que entre os fatores que caracterizam a intervenção do treinador, e que mais influenciam a evolução e o rendimento dos jogadores e das equipes, destacam-se aquelas que se prendem diretamente com a condução do processo de treino.

Portanto, o treino precisa ser uma das nossas maiores fontes de estudos e pesquisas.

Precisamos, ao conduzir o processo de treino, estarmos familiarizados com a especificidade do futebol e conhecer os diferentes fatores de rendimento (estratégico tático, técnico, físico-motor e psicológico) que influenciam o desenvolvimento dos jogadores e da equipe.

A principal ferramenta de trabalho e de liderança de um treinador de futebol é o treino. Uma afirmação que parece óbvia, talvez seja, mas é por meio dele (treino) que podemos potencializar nossos jogadores, e transformar o nosso grupo em uma forte equipe.

Sei que somos moldados por muitas outras forças além do que observamos, ouvimos e lemos. Somos todos vítimas acidentais do DNA de nossos pais; somos formados pelo acaso, pelas circunstâncias em que crescemos e pela educação que recebemos. No entanto, todos nós temos duas ferramentas de grande poder das quais temos total controle: nossos olhos e ouvidos. **Observar os outros, ouvir seus conselhos e ler sobre as pessoas são três das melhores coisas que fiz.**

O líder precisa se colocar no lugar de quem o ouve.

A experiência da derrota – ou, mais especificamente, **como um líder reage a ela – é parte essencial do processo de se tornar um vencedor.**

(Alex Ferguson)

TREINAR EM FUNÇÃO DO NOSSO JOGAR

Não é o treino que torna as coisas perfeitas, mas um "perfeito" treino é que permite obter a "perfeição", entendendo-se por um "perfeito" treino aquele que privilegia a especificidade no futebol e, dentro desta, a especificidade do modelo de jogo e dos seus princípios tático-técnicos individuais e coletivos os quais, consequentemente, pressupõe exercícios específicos e individualizados.

(Vítor Frade)

CAPÍTULO 4

O TREINO

Eu só conheço uma forma de melhorar: treinando.

(Abel Ferreira)

Tu tens o teu caminho. Eu tenho o meu caminho. Quanto ao caminho correto e único, é algo que não existe.

(F. Nietzsche)

Parafraseando o professor Julian Tobar (2020, p. 23): "existe um ponto em que tanto treinadores, preparadores físicos, auxiliares técnicos, jogadores, dirigentes, jornalistas e torcedores concordam: o treino tem um papel capital para a melhoria do desempenho das equipes de futebol, tanto coletiva quanto individualmente. Disso ninguém parece ter dúvidas. No entanto, nem todos pensam o 'treinar' da mesma forma, devido às diferentes experiências, estímulos e contextos nos quais as pessoas se encontram inseridas".

Já trabalhei com diversas comissões técnicas, cada uma me ensinou várias possibilidades de treinar futebol. É que no futebol não existem receitas, formas concretas que garantam sucesso, portanto a diversidade de metodologias e métodos é grande. Mas sempre me faço uma pergunta, e sempre reforço essa questão com os membros de comissão técnica:

ESTAMOS TREINANDO TUDO.
MAS SERÁ QUE ESTAMOS TREINANDO O TODO?

Como assim? Treinar tudo é o que importa, certo? Será?

Essas e outras inquietações aparecem nos debates que fazemos entre os membros da comissão técnica. E sempre digo que treinar tudo não basta, quando o todo não está presente.

Treinamos chutes, passes, cabeceios, acelerações, força, potência, bolas aéreas... tudo. Mas se essas partes não estiverem condicionadas ao todo, tudo isso se torna quase nada.

O treino foi visto de forma cartesiana por muito tempo. Aqui a ideia é superar o cartesianismo, uma tarefa que não é fácil. Esse paradigma de pensamento científico atravessou a história do pensamento ocidental desde o século XVII até aos dias atuais. René Descartes deu-lhe o impulso primário, ao separar, no homem, corpo e mente.

O cartesianismo adota uma abordagem que separa e simplifica o complexo ao mínimo possível. Essa abordagem parte do pressuposto de que ao dividir, isolar e compreender minuciosamente cada parte, é possível chegar a uma compreensão completa do todo. Nesse paradigma, o todo é visto como a simples soma das partes, sem considerar mais nada além disso. A divisão e a separação são conceitos fundamentais nesse método que tem permeado os últimos quatro séculos da história ocidental.

Essa tendência também teve um impacto direto no treinamento no futebol. Muitas vezes, exercícios provenientes de esportes individuais eram comumente aplicados e tomados como referência.

Rui Faria (1999, p. 20) diz-nos que "neste contexto o aparecimento do treino físico, técnico, tático e psicológico adquire a sua forma. Incide-se no conhecimento de aspectos isolados, na ideia de que quanto melhor conhecermos cada parte, melhor conhecemos o todo".

Essa visão foi sendo superada, a mudança ocorreu gradualmente. O advento do treinamento integrado no futebol marcou o início dessa transformação, abrindo caminho para uma perspectiva mais complexa que enfatiza uma visão sistêmica. Nessa abordagem, o foco recai sobre o todo como a referência primordial.

O treinador português Carlos Carvalhal (2014) destaca que só um entendimento do Jogo pelo "Todo" aceita uma abordagem que não retira ao jogar a sua natureza, ou seja, a sua "inteireza inquebrantável".

A teoria da complexidade, de Edgar Morin (antropólogo, sociólogo e filósofo francês), enfatiza que "O todo está na parte que está no todo". Isso significa que o todo surge da interação entre suas partes constituintes. Cada parte, isoladamente, não possui significado completo; são as relações, conexões e interações entre elas que determinam a formação e definição do todo. Sendo assim, o todo não é maior nem menor que a soma das partes, é diferente. Porém,

O todo organizado é maior que a soma das partes.

Um dos mais renomados treinadores do futebol mundial, José Mourinho, destaca no livro *Mourinho: Descoberta Guiada*, do autor Luís Lourenço (2010, p. 56), que "o jogador é um todo, parte de um outro todo que é a equipe, com características físicas, técnicas e psicológicas que terão que ser desenvolvidas enquanto globalidade".

Reforçando essa ideia, Mourinho, diz que "[...] já está havendo um corte com aquele passado, porque o homem é um ser complexo e, no caso concreto da minha profissão, no futebol, temos de perceber que 11 homens à procura de um objetivo é completamente diferente de um homem à procura de um objetivo".

Então, em relação ao treinamento, o que constitui o Todo? O todo é o Jogo. Mas que Jogo? O Jogo com "J" maiúsculo, o Nosso Jogo, ou seja, o Jogo que pretendemos que a nossa equipe desenvolva. Para isso é necessário treinar em Especificidade. Mas não uma especificidade/modalidade, conceito explorado por Estélio Dantas (1995), e sim uma Especificidade/Modelo de Jogo. Não é apenas treinar futebol para jogar futebol, é treinar o nosso jeito de jogar futebol. O Modelo de Jogo se torna o norteador de todo esse processo. Mas, afinal, o que é um Modelo de Jogo?

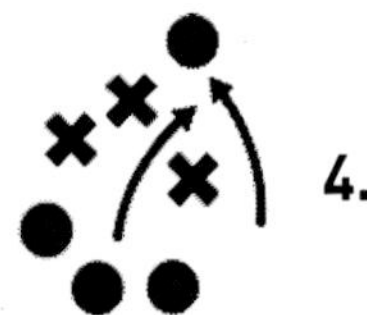

4.1 MODELO DE JOGO

O Modelo de Jogo é, portanto, aquilo que existe em termos estruturais e funcionais, é aquilo que identifica uma equipe.

(Vítor Frade)

Toda equipe precisa ter uma identidade clara, com ideias e conceitos bem enraizados, ou seja, uma "cultura de jogo". Isso só é possível com tempo, repetição sistemática e a criação de hábitos. Não há atalhos para desenvolver uma cultura; é necessário vivê-la intensamente e estar completamente imerso na realidade e no contexto específico daquela equipe. Para desenvolver essa "cultura de jogo", é essencial ter uma direção clara, um planejamento detalhado e um guia que oriente todo o processo.

As equipes possuem anatomias e fisionomias mutáveis que se configuram à medida que o jogo é urdido. A interpretação dos eventos de jogo depende, em grande parte, da informação substancial obtida com base no significado atribuído aos comportamentos típicos e atípicos dos jogadores e das equipes. Isso pressupõe a existência de um meta-nível que governa a dinâmica dos jogadores e das equipes, moldando suas decisões e interações (Júlio Garganta, 1998). Esse meta-nível é conhecido como o "modelo".

O Modelo de Jogo torna-se o norteador central de todo o processo de construção e desenvolvimento de uma equipe. Ele está no cerne desse processo, e tudo deve decorrer dele e convergir para ele.

Importante enfatizar que o Modelo de Jogo é um mecanismo vivo. Portanto, ele está em constante evolução, influenciando os comportamentos dos jogadores e sendo influenciado por eles. Não é algo concluído; está em contínua construção e desenvolvimento.

Todo treinador tem seu Modelo de Jogo Ideal e aplica os conceitos desse modelo em cada clube, levando em consideração o local e o contexto em que está inserido (reforçando a importância da adaptação).

O treinador precisa adaptar seu Modelo de Jogo ao clube, ao contexto da equipe e às características dos jogadores. O professor Júlio Garganta refere-se a esse Modelo de Jogo Adaptado como Concepção de Jogo, que é o Modelo de Jogo Ideal ajustado a uma determinada realidade. Independentemente da nomenclatura, é indispensável que o treinador tenha a sabedoria da adaptação, ajustando-se às condições particulares em que se encontra.

Portanto, é importante que o treinador tenha esse referencial, facilitando o enquadramento e a operacionalização do processo de treino, pois os conceitos ficam mais claros e ganham sentido.

Se o jogo de futebol se joga por conceitos, é o modelo de jogo que dá ou retira significado a esses conceitos, que os agrega ou separa (Júlio Garganta, 2004).

Ressaltando ainda, a importância da adaptação, o treinador argentino Lionel Scaloni destacou, em entrevista ao jornal espanhol *Marca* (2024), a necessidade de flexibilidade tática, conexão com os jogadores e a habilidade de se adaptar a eles: "[...]estou me adaptando ao que tenho. E se tiver que mudar, eu mudo, não tenho problemas. O futebol é dos jogadores e se tenho um tipo de jogador, jogo com ele; e se então os bons são outros e eu tenho que mudar, eu mudo. Não insisto em jogar de um jeito, porque isso mexe tanto que hoje você tem uma coisa boa e amanhã tem outra. Se você insiste em jogar sempre de uma forma com jogadores que jogam de outra forma, você pode entrar em conflito".

Precisamos, então, ter o Modelo de Jogo como uma referência e não como algo a ser atingido em absoluto. O ambiente do treino passa a ser de "experimentação" e de vivências. Como afirma o Professor Manuel Sérgio:

"Treinar não é impor ideias a ninguém, mas dar meios de expressão à capacidade criadora e de transcendência dos jogadores".

Portanto, é por meio do treino que vamos construir e desenvolver a forma de jogar que pretendemos.

Como promovemos a nossa forma de jogar? É nos treinos que se forma a base de todo o jogo (Van Gaal, citado por António Barbosa, 2014). Não concebo a modificação de um comportamento por magia. Tem de ser com o treino. E quando digo treino quero dizer treinos (José Mourinho, citado por Oliveira, Amieiro, Resende, Barreto, 2006).

Então, como afirma Rui Pacheco (2005, p. 20), temos que reconhecer que ser treinador implica saber treinar. E treinar é modelar uma realidade. O treinador é uma figura que modela a realidade. E o treino (o processo como um todo) se torna sua principal ferramenta, pois é onde o treinador pode interferir diretamente.

4.2 A CONSTRUÇÃO DO MODELO DE JOGO

Didaticamente, podemos compreender o jogo de futebol em duas fases principais: quando a equipe está com a posse de bola e quando não está. Embora essas duas situações estejam interligadas durante a partida, podemos propor uma abordagem que "divida" as ações do jogo em duas fases e dois momentos. O objetivo é proporcionar uma compreensão geral de cada ação dentro do jogo, estabelecendo relações diretas entre elas. Isso pode qualificar a análise e a aplicação tática, ajudando os jogadores a entenderem melhor suas responsabilidades em cada fase e momento do jogo.

Quando a equipe está com a posse de bola, ela se encontra na fase ofensiva; quando não possui a bola, está na fase defensiva. Entre essas duas fases, temos os momentos de transição que as conectam: o momento de transição defensiva, que ocorre exatamente no instante da perda da posse de bola, e o momento de transição ofensiva, que acontece no exato momento da recuperação da posse. Além dessas, também temos os momentos de bolas paradas, que correspondem ao reinício do jogo tanto na fase ofensiva quanto na fase defensiva.

Na literatura, diversas são as formas apresentadas sobre o entendimento das fases e momentos do jogo. Alguns autores citam quatro fases, ou quatro momentos, porém o que precisamos ressaltar aqui não são, necessariamente, as nomenclaturas, e sim a proposta de desenvolvimento de ideias para o transcorrer do jogo.

A percepção de duas fases e dois momentos é apresentada pelo professor Júlio Garganta, que ressalta a distinção entre os dois termos. De acordo com ele, as fases, como a fase ofensiva e a fase defensiva, são períodos mais prolongados em que a equipe adota uma postura específica, seja atacando ou defendendo. Já os momentos são instantes mais rápidos e dinâmicos do jogo, como os momentos de transição. Esses momentos incluem a transição ofensiva, que ocorre imediatamente após a recuperação da posse de bola, e a transição defensiva, que acontece logo após a perda da posse, exigindo uma rápida reorganização da equipe.

Apesar dessa divisão em fases e momentos, não estamos afastando o sentido total e imprevisível de um jogo de futebol, o intuito é apenas desenvolver critérios para qualificar o nosso jogar.

A forma como uma equipe se comporta em fase ofensiva precisa ter sentido e conexão com a fase defensiva, pois ao atacar, precisamos estar organizados para uma boa transição defensiva, e posteriormente para a fase defensiva, caso a bola não seja recuperada no momento da transição.

Júlio Garganta destaca essa importância da conexão entre a fase ofensiva e a fase defensiva no futebol. Ele argumenta que, para uma equipe ser eficaz, é crucial que essas duas fases estejam intimamente ligadas. Durante a fase ofensiva, a equipe deve preparar-se para uma possível perda da posse de bola, garantindo que os jogadores estejam bem-posicionados para transitar para a fase defensiva. Da mesma forma, na fase defensiva, os jogadores precisam estar prontos para aproveitar qualquer oportunidade de recuperar a bola e iniciar o ataque, entrando na fase ofensiva. Essa interconexão garante uma transição fluida entre as fases do jogo, aumentando as chances de sucesso da equipe em ambas as situações.

Vale ressaltar que o que empobrece e reduz o jogo não é a separação pedagógica dele, mas a aplicação dessa separação, por isso, temos que estar atentos na forma como aplicaremos as ideias de cada fase e momento dentro da sessão de treinamento. Separar sem afastar do todo.

Precisamos desenvolver uma sessão onde vamos transcender essa separação, e utilizá-la enquanto dominâncias. A cada sessão focaremos em uma determinada dominância, por exemplo: treinaremos nossa fase ofensiva enquanto dominância do dia, mas sem descontextualizá-la das outras ações do jogo. Ao planejarmos a atividade, iremos priorizar ações da nossa forma de atacar, porém dentro da inteireza do nosso jogar. A atividade não se encerra após uma conclusão da jogada ofensiva, ela terá sequência. Iremos priorizar ações de ataque, mas já estimulando comportamentos para a possível perda da bola, e ações para uma rápida recuperação ou retorno defensivo. (dependendo do objetivo do treinador).

Na metodologia da Periodização Tática, por exemplo, o termo utilizado para designar tais dominâncias são as propensões. Cada sessão de treinamento terá um foco direcionado para a propensão do dia. Mais uma vez, o foco não são as nomenclaturas, e sim os objetivos estabelecidos perante o desenvolvimento de comportamentos dentro das fases e momentos do jogo.

Entendendo isso, podemos desenvolver nossa modelação, e a partir daí, construir nosso modelo de jogo. Essa modelação de jogo envolve a definição clara de um estilo de jogo, a organização tática e a coordenação entre as diferentes fases e momentos do jogo. Mais uma vez destacando o que nos apresenta o professor Júlio Garganta, que enfatiza que a modelação de jogo deve considerar a interação entre todos os elementos do time, garantindo que as transições entre ataque e defesa sejam fluidas e eficientes, promovendo uma performance consistente e adaptável às diferentes situações durante a partida.

A seguir, apresento uma proposta detalhada para o desenvolvimento dos comportamentos de uma equipe dentro de um modelo de jogo, incluindo a apresentação de princípios específicos para cada fase e momento, visando aprimorar a coesão e a eficácia coletiva.

Fase Ofensiva:

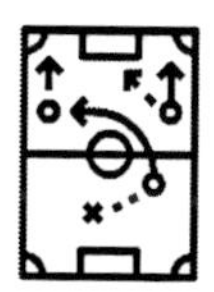

Ataque posicional.
Posse de bola (tocar bola para mover o adversário).
Mobilidade (Movimentação com intencionalidade).
Triangulações ofensivas.

Transição Defensiva:

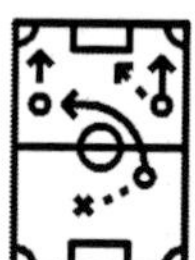

Reação imediata ao perder a posse (conceito coletivo).
Retorno defensivo tendo a bola como referência.

Fase Defensiva:

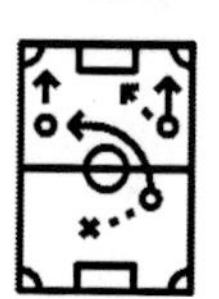

Marcação Zonal.
Pressão forte ao portador da bola.
Triangulações Defensivas.
Flutuação e Compactação como referências de base.

Transição Ofensiva:

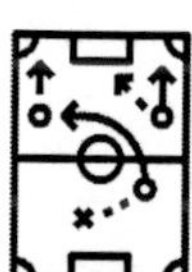

Manutenção da Posse.
Verticalizar Jogada de acordo com o setor de recuperação.

Bola Parada Ofensiva:

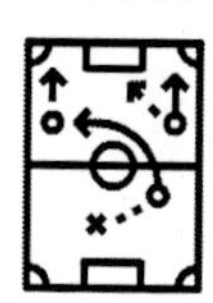

Alternância entre batidas abertas e fechadas (de acordo com os jogadores disponíveis).
Espaços estabelecidos de ocupação na área.

Bola Parada Defensiva:

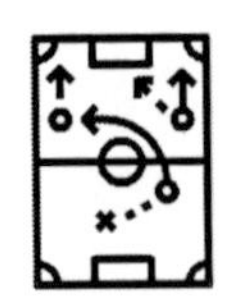

Marcação Mista (com prioridade zonal).

Os onze atletas com responsabilidades defensivas.

Ao analisarmos os princípios de cada fase e momento, percebemos uma forte ligação entre eles. A equipe ao atacar (ataque posicional) estará posicionada dentro de setores e posições estabelecidas, mantendo uma estrutura organizada e ocupando posições estratégicas no campo para criar e explorar espaços, tendo como objetivo circular a bola pacientemente, esperando o momento certo para penetrar a defesa adversária, utilizando passes curtos e movimentação coordenada.

Esses comportamentos na fase ofensiva facilitarão as ações da equipe ao perder a posse de bola, oportunizando uma pressão imediata dos atletas (transição defensiva), uma vez que já se encontram próximos no terreno de jogo. Em caso de não recuperação da posse, a equipe já se organiza em seus setores, fechando zonas estabelecidas, entrando na fase defensiva. Nesse modelo de jogo apresentado, seria contraproducente, por exemplo, exigir uma marcação individual, pois a referência da equipe deixaria de ser as zonas do campo, e passaria a ser o adversário, permitindo que este conduzisse os jogadores da equipe para espaços desfavoráveis.

Ao exercer a marcação zonal fica assegurado que a equipe esteja bem-posicionada para recuperar a posse e reiniciar o processo ofensivo, seja mantendo a posse da bola ou explorando um possível contra-ataque. É importante destacar que nem toda transição ofensiva se torna um contra-ataque; a equipe pode optar por manter a posse de bola para evitar riscos desnecessários. Embora nem toda transição resulte em um contra-ataque, todo contra-ataque nasce de uma transição. O contra-ataque é um método de ataque, a transição é um momento do jogo.

Fica evidente, assim, que as fases e momentos do jogo estão ajustadas e interconectadas, criando uma retroalimentação constante que potencializa o desempenho da equipe.

Importante salientar que esse modelo apresentado, ou qualquer outro modelo, é um planejamento de intervenção que deve ser adaptado à realidade em que está inserido, às características dos jogadores que compõem o elenco, e às particularidades de cada cenário. É importante ressaltar que esses princípios abordados em cada fase e momento não são inerentemente melhores ou piores do que outros; são simplesmente possibilidades de intervenção dentro de um modelo de jogo.

Tendo estabelecido o nosso modelo de jogo, e desenvolvido esse planejamento de um jogar, já temos uma referência para aplicar nossos treinos dentro da especificidade desejada.

Para desenvolver essas ideias, esses conceitos, e potencializar o modelo jogo é importante que a aplicação das sessões de treino seja planejada, orientada e que alguns componentes importantes não faltem. Dentre eles: a competitividade, os erros, a autonomia e, principalmente a especificidade.

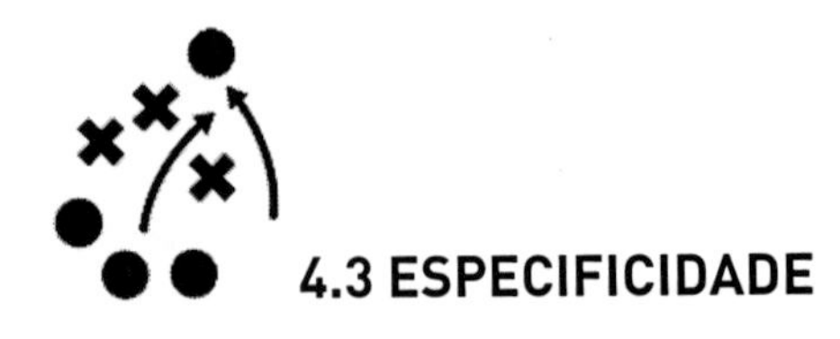

4.3 ESPECIFICIDADE

O treino é que faz o jogo que justifica ou valida o treino.
(Júlio Garganta)

Não é suficiente ter um treino competitivo, repleto de erros e aprendizados, com autonomia aos jogadores, se as atividades não são específicas o suficiente. Específicas em relação a quê? Ao nosso modelo de Jogo.

Portanto, treinar uma equipe requer uma abordagem singular, onde ideias e conceitos são operacionalizados dentro de um guia, um plano macro (um modelo) a ser seguido e desenvolvido.

A especificidade é um processo singular. Ao falarmos de especificidade falamos do todo, na relação dinâmica de interdependência entre todas as dimensões e onde cada uma não existe sem as outras (Carlos Carvalhal, 2009).

Treinar em especificidade é a chave para impulsionar o progresso de cada jogador e da equipe como um todo. Ao estabelecer um ambiente com ações claras e bem direcionadas, todos os envolvidos são incentivados a seguir um guia definido, assimilando conceitos e aprimorando comportamentos desejados pelo comando técnico.

Vale salientar que o treino, por mais específico que seja, não irá nos direcionar de forma exata para o modelo pretendido, pois como o próprio nome já diz, é um modelo. Portanto, cabe a nós treinadores não ficarmos presos a conceitos rígidos. O que precisamos é ter uma direção, e é justamente isso que o modelo de jogo nos entrega. Poderíamos dizer, então, que o modelo de jogo é uma utopia. Mas o que é uma utopia?

O conceito de utopia geralmente nos remete a algo inalcançável. E é mais ou menos essa ideia que queremos explorar aqui. Para facilitar o entendimento, compartilho um trecho de um texto de Eduardo Galeano (2015, p. 310), renomado escritor e jornalista uruguaio:

"A utopia está lá no horizonte.
Me aproximo dois passos, ela se afasta dois passos.
Caminho dez passos e o horizonte corre dez passos.
Por mais que eu caminhe, jamais alcançarei.
Para que serve a utopia?
Serve para isso: para que eu não deixe de caminhar".

Façamos, nesse momento, uma atividade. Adaptaremos o texto acima trocando a palavra "utopia", por "modelo de jogo".

*"O **modelo de jogo** está lá no horizonte.*
Me aproximo dois passos, ele se afasta dois passos.
Caminho dez passos e o horizonte corre dez passos.
Por mais que eu caminhe, jamais alcançarei.
*Para que serve o **modelo de jogo**?*
Serve para isso: para que eu não deixe de caminhar".

E esse caminhar é um caminhar em especificidade, no qual abordaremos em cada sessão de treinamento, conteúdos direcionados para aquilo que pretendemos que nossa equipe coloque em prática. Cada treino é uma oportunidade de desenvolver a nossa forma de jogar, o nosso jeito de atacar, de defender, os nossos comportamentos dentro de cada fase e momento do jogo.

A metodologia da periodização tática, sintetiza bem a importância desse princípio da especificidade, indo além, o chamando de um supraprincípio. De acordo com o supraprincípio da especificidade, um exercício só é específico se os jogadores entendem seus objetivos e sua finalidade dentro do jogo, tornando-se imprescindível a intenção prévia desse "jogar" (Tamarit *In*: Miranda, 2014, citado por Mendes 2015). Sendo assim, para que as situações apresentadas no treino sejam realmente específicas, é necessário que haja uma permanente interação entre os exercícios propostos e o modelo de jogo adotado pela equipe e os respectivos princípios que lhe dão corpo e sentido (Oliveira, 2004).

O modelo de jogo é desenvolvido, fortalecido e concretizado dentro da especificidade dos treinamentos. Repetindo diariamente comportamentos e ações de jogo, criando hábitos sólidos da equipe, emergindo daí uma identidade (a cultura de jogo da equipe).

Mas atenção, não podemos confundir o treino específico com um treino rígido que limita os jogadores a realizar apenas comportamentos preestabelecidos, pois o objetivo não é uma mera repetição mecânica. Devemos, sim, incorporar uma ideia de jogo e focar em nosso modelo, mas não devemos transformá-lo em um instrumento estático, sem possibilidade de alterações e crescimento.

Com isso, um ponto fundamental que não pode faltar em uma sessão é a autonomia do jogador. O treinador desempenha um papel fundamental no jogo, mas é importante lembrar que o jogo pertence ao jogador.

4.4 AUTONOMIA

Os jogadores são livres para agir,
mas não podem agir livremente.
(Vítor Frade)

"[...] recuemos a nossa infância e ao futebol de rua. É verdade que passávamos horas a imitar o drible, o passe, e o remate do nosso ídolo (técnica), íamos aprendendo pela vivência prática, e quantas vezes, quem jogava conosco, nos passou conhecimento sobre o jogo no momento de passar, desmarcar, não sair a dar combate (táctico)? E para além de escolher os jogadores, para além do 'gordo que ia normalmente para a baliza', quantas vezes preferíamos jogar com quem passava a bola, ao invés do 'fominha', que não passava a bola a ninguém, ou de quem corria para a defesa quando perdíamos a bola, ao invés do 'preguiçoso', que não defendia (organização)?"
Bruno Lage (O Efeito Lage, 2019, p. 59)

Ao falarmos de autonomia no futebol, logo pensamos em criatividade e liberdade. Assim, lembramos de um dos ambientes mais ricos nesse contexto, a rua. Não o espaço "rua", mas os componentes presentes nesse espaço. O "futebol de rua" tem muito a nos ensinar. Deveríamos trazer a rua para o campo, inclusive, e principalmente, no futebol profissional. A carência de liberdade tem ofuscado a qualidade do jogador.

Estamos a perder a essência do futebol, não só a nível profissional, mas também a nível infantil. Imagine se Messi, aos 8 anos, ouvisse constantemente dos seus treinadores: "Passe!"

Lionel Scaloni (Treinador Campeão do Mundo com a Seleção Argentina).

Liberdade para jogar, mas sem ser livre para fazer o que quiser, quando quiser ou da forma que quiser. Parece contraditório, mas não é. Inúmeras vezes ao ler livros sobre futebol me deparei com essas afirmações, e elas me fizeram refletir bastante sobre essa necessidade de "devolver o jogo ao jogador" sem deixar de lado a nossa essência organizacional enquanto equipe. Parecia-me um desafio gigantesco conciliar esses objetivos. Mas é bem mais simples do que parece. O professor Alcides Scaglia aborda muito esse tema, ler suas obras nos enriquece demais sobre essa temática. A *Pedagogia da Rua*, defendida por ele, enfatiza esses aspectos com grande relevância.

Todos nós, por exemplo, desfrutamos de liberdade ao dirigir. Cada um escolhe como quer conduzir seu veículo: com música ou em silêncio, ajustando o banco conforme sua preferência, com uma mão ao volante ou ambas (recomendo que sejam as duas). No entanto, somos guiados pelas leis de trânsito, que estabelecem diretrizes a serem seguidas. Respeitar limites de velocidade, obedecer às sinalizações e usar o cinto de segurança são apenas algumas das muitas exigências. Assim, embora tenhamos autonomia para dirigir, operamos dentro de um conjunto de princípios estabelecidos.

Da mesma forma, no contexto do treinamento de futebol, é essencial conceder autonomia aos jogadores, porém essa liberdade precisa ser direcionada. Como podemos fazer isso? Como mencionado anteriormente, criando um ambiente que promova a especificidade do nosso modelo de jogo, por meio de treinamentos focados nos comportamentos que desejamos desenvolver em nossa equipe.

Ao aplicar esses exercícios perceberemos que nossos jogadores terão diferentes formas de resolver os "problemas" que a atividade apresentou. E é, justamente, aí que entra a autonomia que precisamos.

Retomando as palavras do treinador Lionel Scaloni, na entrevista mencionada anteriormente, ele apresenta uma reflexão pertinente sobre essa temática ao destacar que no futebol atual há uma grande quantidade de orientações e análises:

> Hoje em dia todo mundo sabe como o adversário joga, há tanta informação que no final o mais importante, que é o jogador de futebol, é controlado por controle remoto. E no nosso caso, não sei com outras equipes, você corre o risco de perder a essência, de tirar do jogador o que ele tem de melhor. Se você está constantemente dizendo a ele o que fazer, você corre esse risco. Transmitimos o que é justo, o que acreditamos que temos que transmitir, o que é realmente importante, para não sobrecarregar o jogador de informações.

Ele complementa dizendo que "[...] estamos a perder a essência do futebol, e não só a nível profissional, mas também a nível infantil. Meus filhos brincam na Espanha e estão sobrecarregados de informações. Eles recebem a bola e já estão sendo informados sobre o que fazer".

Precisamos passar de um modo de ensino centrado no controle do comportamento, para um ensino centrado em problemas a resolver.

Devemos desenvolver sessões de treino onde os jogadores precisam tomar decisões. A tomada de decisão é o fator preponderante para o desenvolvimento de um atleta inteligente e criativo, e são justamente esses dois atributos, inteligência e criatividade, que precisamos estimular cada vez mais nos futebolistas.

Nenhum treino é de fato específico se nele não estiver explicito a autonomia do jogador, para que ele tome decisões durante toda a sessão, pois, o jogo exige, exaustivamente, que decisões sejam tomadas de forma rápida e qualificada. Se o atleta não treina essa vertente, como poderá ser competente nessas situações?

Treinar futebol é muito mais do que se exercitar. Costumo dizer que se exercitar é bom (correr, saltar, passar a bola e acelerar), mas o jogo nos exige mais do que isso. Além de correr e passar, é crucial entender quando, como e por que agir. E essas questões são respondidas dentro da riqueza inquebrantável do jogo. Treinar é jogar diariamente o jogo que pretendemos para a nossa equipe.

Há treinadores que podem não acreditar e é válido. Treinadores que acreditam no seu método e que o jogador de futebol será melhor ou pior com base no que ele lhes disser. E se você não fizer o que ele manda, você perde. Isso é válido, mas do meu ponto de vista não é assim. O jogador manda em campo e o que você tem que fazer é o que é justo para o seu time e nada mais. "[...] não podemos tirar a essência deles, pois assim veremos cada vez menos jogadores com aquela autoconfiança que vimos antes" (Scaloni, 2024, em trecho da entrevista ao jornal espanhol *Marca*).

É cada vez mais comum ouvirmos que nossos jogadores estão perdendo a criatividade, tendo pouca qualidade na tomada de decisão, e com baixa interpretação do jogo. Mas dificilmente teremos jogadores criativos, confiantes e autônomos se continuarmos investindo em sessões de treino mecânicas, com repetições isoladas da realidade do jogo, fragmentadas e, o mais grave, com repetitivas punições aos erros. Errar é um atributo indispensável nesse processo. A "Rua" já nos alertou sobre isso.

4.5 ERRAR

Gente não nasce pronta e vai se gastando; gente nasce não-pronta e vai se fazendo.

(Mário Sérgio Cortella)

O erro é uma poderosa ferramenta de transformação. É impossível em um ambiente de autonomia não ter erros. Os erros nos apresentam possibilidades de intervenção, e por meio delas desenvolvemos abordagens e, até mesmo, novas sessões de treino.

Certa vez, fui convidado por um colega de trabalho para observar uma sessão de treinamento em uma equipe de categorias de base, onde ele atuava como treinador. Durante a sessão, uma de suas declarações para os atletas me chamou bastante atenção: "Não podemos cometer erros, estejam concentrados. No jogo o erro é fatal. Treino é jogo, e jogo é treino! É essencial manter o foco o tempo todo, como se estivéssemos em uma partida oficial".

Compreendi o que foi reportado, em relação ao momento da atividade. Conversei bastante com meu colega treinador sobre o ocorrido, após o treinamento. E essa conversa rendeu muito aprendizado para ambos.

O que quero destacar nessa fala é algo que vejo muito em nosso meio: tendemos a repetir frases sem refletir sobre elas. O professor Alcides Scaglia, de quem sou leitor assíduo e considero uma das minhas maiores referências, aborda bastante a ideia de que treino é jogo e vice-versa. Concordo plenamente, mas é necessário refletir sobre isso. Não vejo erro na frase, mas percebo uma má interpretação. Precisamos ter cuidado para não reproduzir conceitos sem reflexão.

Ao considerar que *Treino é Jogo*, estamos afirmando que precisamos incorporar, nas sessões de treino, os conceitos presentes em nosso modelo de jogo, destacando a importância da autonomia dos jogadores. Isso implica utilizar a totalidade do jogo como guia central do treino. Deixar o jogo ser o professor.

Dentro de uma sessão de treinamento com autonomia e especificidade, é natural que ocorram erros, pois estamos construindo um estilo de jogo. O treino é uma ferramenta singular que o treinador possui, portanto, precisamos usá-la de maneira a alimentar o nosso jogo. O desempenho em jogo reflete o treinamento, e o treinamento é direcionado pelo que desejamos ver em nosso jogo.

Não podemos interpretar a expressão "Treino é Jogo" como se, no treino, fosse necessário acertar sempre, manter uma concentração altíssima o tempo todo e evitar tentativas e novas possibilidades. A punição constante dos erros limita o jogador, impedindo-o de querer experimentar novas ações.

"Treinar é mais importante que jogar, e é nos treinos que se forma a base de todo o jogo".

Van Gaal

Precisamos construir, com nossa equipe, um ambiente de aprendizagem, no qual todos estejam inseridos no propósito de aprender e desenvolver ideias. Cabe ao treinador estimular essas possibilidades, como referimos no capítulo sobre liderança.

Mas, cuidado! Não podemos considerar o erro como algo sempre positivo. Recorrendo novamente ao professor Cortella (2021, p. 87), ele reforça a ideia de que "não aprendemos ao errar, aprendemos ao corrigir os erros". Aqui entra a importância da intervenção do treinador: desenvolver estímulos, criar atividades e potencializar um ambiente onde o aprendizado é o foco central de todos. Intervenção não é sinônimo de punição. Punir constantemente um erro pode afastar o jogador do desejo de tentar algo novo e diferente, limitando sua criatividade.

Outro elemento crucial nesse processo de treinamento é a competição. O atleta é competidor por natureza, portanto, eliminar esse elemento do treino é privar o jogador de uma parte fundamental de sua essência no futebol.

4.6 COMPETITIVIDADE

O aspecto mais importante do nosso sistema era o treino. Tudo que acontecia nos jogos, já tinha ocorrido durante os treinos.

(Alex Ferguson)

Não concebo uma sessão de treino onde a competição esteja morna ou ausente. Competir é da natureza do futebolista. Se falamos em especificidade no futebol, precisamos reconhecer a importância do elemento competitivo nas sessões de treino.

Em relação a essa temática, o professor português António Barbosa (2014, p. 54) afirma que "a utilização de exercícios complexos, recorrendo a competitividade entre as equipes ou entre os jogadores, aumenta o significado atribuído pelo jogador ao exercício. Consequentemente, maior é a transferência entre a situação vivida no processo de treino e a situação esperada no jogo".

Ganhar e perder são aspectos intrínsecos ao futebol. Integrar esses elementos aos treinos de forma planejada também contribui para uma maior motivação nas ações realizadas durante a sessão de treinamento. Muitas vezes, ao introduzir esse estímulo, observamos uma dedicação maior por parte de todos os envolvidos. O nível de competição entre os jogadores aumenta, a concentração é intensificada e as ações planejadas para a sessão tendem a ser mais eficazes.

Os atletas se mantem mais motivados perante níveis elevados de competitividade e esforço.

A gestão e o planejamento das sessões de treinamento devem ser pontos de destaque para o treinador. Cada elemento precisa ser bem pensado para que a execução da atividade seja de alta qualidade. Muitas vezes, já lamentei a falta de concentração e interação dos atletas em algum treino que apliquei. Inicialmente, responsabilizei os jogadores por essa distração, mas ao analisar melhor, percebi que o problema não estava necessariamente neles, mas na falta de sentido da sessão que planejei. Precisamos estar atentos a isso.

Não é suficiente simplesmente exigir concentração dos nossos atletas; é necessário criar um ambiente que a promova. Para que os cenários de treino sejam eficazes, devem refletir as exigências encontradas durante as competições.

O treinador português João Aroso, citado por António Barbosa (2014, p. 55), afirma que "Um treino que estimule os jogadores, em que eles se sintam bem, vai fazê-los estar alertas, estar ligados, mais bem-dispostos, mais focados... até em exercícios por vezes mais físicos. Um simples trabalho de velocidade: colocar dois a dois a saírem, a ver quem ganha, faz com que a motivação seja logo diferente, faz com que eles vão estar entusiasmadíssimos a tentar ganhar". Ele ainda complementa a importância do aspecto competitivo no treino, dizendo que "num exercício em que o gol é contabilizado e a vitória é tida em conta, o jogador vai estar mais ligado do que se estiver somente na tarefa tática".

Outro fator importante é que, enquanto treinadores, tenhamos a sensibilidade de entender o contexto diário apresentado por nosso time. O treinador Carlos Carvalhal (2014, p. 90) destaca a importância do planejamento do treino com aspectos do jogo, valorizando a especificidade e a competitividade. Mas ele ressalta algo fundamental ao afirmar que, às vezes, temos a "necessidade de rasgar os papéis", ou seja, sair da rota planejada e nos adaptar ao contexto percebido naquele dia com o grupo. Isso inclui considerar jogadores mais cansados, desanimados, ou outras situações similares. Carvalhal enfatiza que "[...] isto é, perceber da vida e do futebol. Olhar para os olhos dos nossos jogadores e, por que não, olhar através dos olhos deles, foi um imperativo que coloquei em mim mesmo. Quantas vezes me aconteceu preparar um treino, esperar pelos jogadores, fixá-los nos olhos, ver como andam e se socializam e rasgar o papel e mudar o treino. Quem não entende isto, não entende o que é a vida, a sua natureza e a sua essência, não pode entender de treino, porque não compreende o ser humano".

Fica evidente que, para aprimorar nossa forma de jogar, diversos elementos precisam ser levados em consideração. E o treinamento se destaca como a ferramenta principal que nos guia nesse caminho.

Desenvolver uma equipe competitiva, com jogadores que compartilham ambições coletivas, atende à nossa necessidade de superar os desafios ao longo do percurso. Cabe a nós, treinadores, a responsabilidade de qualificar esse ambiente, estruturando uma equipe com uma identidade tática bem definida. Essa identidade é desenvolvida por meio da repetição contextualizada.

A repetição é a mãe da técnica, a repetição inteligente, contextualizada, é a mãe da tática.

(Júlio Garganta)

A tática é a gestora de tudo; é o elemento central que influencia todos os aspectos do jogo. É fundamental compreendermos o verdadeiro significado de tática no futebol e porque ela desempenha um papel crucial em tudo que discutimos até aqui.

"Só aprende a dançar quem dança
só aprende a tocar quem toca,
sem jogar, nunca o jogo se alcança
e o treinar não é pra ir pra tropa,
só aprende a falar quem fala...
Se pra jogar, o jogo não prevalece
o desejo tudo estala...
E **a formação nunca acontece"**.

"Bem treinar
Obriga-te a entender o jogo
Treinar reflete o como jogar
quer treino e jogo num todo".

"Treinar "bonito" é ornamento
treinar bem é rendimento
razões pra ineficácia? Estão na morte do tempo
jogar e treinar, em ambos o mesmo fundamento".
Vítor Frade

O ELEMENTO TÁTICO

O futebol compõe-se do somatório de elementos técnicos com e sem bola que, a todo momento, devem servir um propósito maior, o elemento tático: a ideologia coletiva que será reconhecida pelos diversos elementos de uma mesma equipe, promovendo uma forma de resposta, a ação.

(António Barbosa)

CAPÍTULO 5

TÁTICA

A tática não são os números.
(Cruyff)

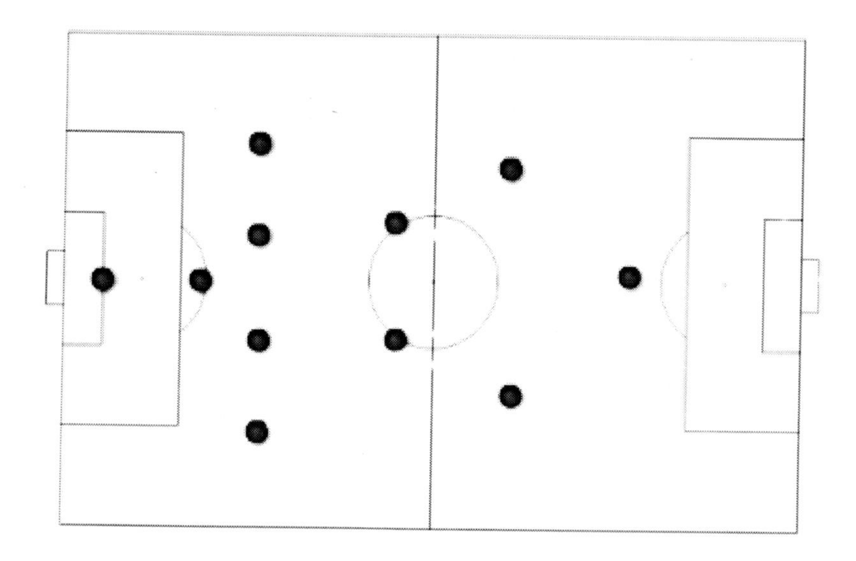

Popularmente, o termo "tática" no futebol está associado aos sistemas de jogo (1-4-4-2 / 1-3-4-3 / 1-5-4-1), porém, sabemos que vai muito além desses números. Embora os sistemas sejam importantes, a tática transcende essas estruturas e é definida pelos comportamentos dos jogadores em campo.

Como mencionado nos capítulos anteriores, fomos ensinados a separar as partes para entender o todo. Assim, no futebol, separamos a técnica, a parte física, mental e tática. Essa divisão já vem sendo superada mediante o entendimento sistêmico, onde a tática passa de uma simples dimensão de jogo e assume a predominância sobre o planejamento de trabalho da equipe.

Nesse sentido o intuito é direcionar nossa forma de jogar dentro do planejamento (modelo de jogo). A tática, então, é quem nutre esse modelo de jogo. Ela assume a coordenação de todo o processo. As demais dimensões não perdem importância, pelo contrário, são enfatizadas e reforçadas dentro da cultura de jogo que pretendemos desenvolver.

O físico, o técnico, o mental... tudo é trabalhado no todo. A tática é a nossa identificação comportamental, e por meio dessa especificidade potencializamos todas as vertentes do jogo e dos jogadores.

O professor Júlio Garganta (1997, p. 110) reforça essa ideia ao enfatizar que o futebol deverá ter como núcleo diretor, a dimensão tática do jogo, porque é nela e através dela que se consubstanciam os comportamentos que ocorrem durante uma partida.

Entendendo que o conceito de tática é amplo e abrange todo o processo, sendo o resultado da interação de todas as outras dimensões, temos um pilar de desenvolvimento para nosso trabalho. É por meio dele que iremos enriquecer o "nosso jogar".

Nesse sentido, Oliveira (2004) apresenta uma reflexão ponderando que, se para corresponder taticamente o jogador precisa estar no lugar certo, no momento certo (o que implica movimento, ou seja, a "parte física"), com a capacidade de responder (tecnicamente) dentro de uma interação coletiva, então a dimensão tática, por si só, não existe. Ela surge pela interação das outras dimensões, tornando-se o elo que dá sentido e sentimento ao jogo, promovendo uma especificidade de jogo.

O tático não é físico, não é técnico, não é psicológico, não é estratégico, mas precisa dos quatro para se manifestar, ou seja, quando se diz que não se divide tem-se consciência de que o crescimento tático, tendo em conta a proposta de jogo a que se aspira, ao realizar-se ao operacionalizar-se, vai implicar alterações ao nível técnico, isto é, há que ter consciência que o tático tem a ver com a proposta de jogo que se pretende (Vítor Frade, 1996).

Luís Lourenço (2010, p. 52), autor da biografia oficial de José Mourinho, traz uma reflexão muito interessante sobre a forma como Mourinho aplica todo esse processo:

> *Mas se tudo, então, está conectado, interligado, interativo, isso quer dizer que o treino de Mourinho é globalizante de tal forma que treina tudo ao mesmo tempo, sem distinções táticas, técnicas, físicas ou mentais? Não, não quer. O todo continua a ser composto por partes e não as anula; antes, serve-se delas para a prossecução dos seus fins. Logo, as partes precisam ser, também elas, melhoradas, precisam evoluir, se compor e se ajustar, porque estão em constante reordenamento.*
>
> *De que forma, então, Mourinho resolveu o problema de trabalhar as partes no todo, que é o jogo que deseja jogar?*
>
> *O que existe no seu trabalho é o conceito de "dominante", ou seja, o trabalho foca um aspecto sem se esquecer de que é o "todo" que está em ação e que, por isso, devidamente enquadrados, muitos outros fatores estão também sendo trabalhados. Foi justamente Mourinho que me alertou para este fato: "Eu, quando preparo um treino, estou preparando uma atividade global e nunca o faço sem observar quais são as implicações nos diferentes níveis. Por isso digo que cada exercício tem uma dominante".*

O mesmo autor reforça a ideia previamente apresentada, em que Mourinho enfatiza que "o jogador é um todo, parte de um outro todo que é a equipe, com características físicas, técnicas e psicológicas que terão de ser desenvolvidas enquanto globalidade".

Por meio do modelo de jogo, fundamentado na tática, todas as vertentes da equipe serão desenvolvidas. Cada setor, interconectado, buscará maneiras de aprimorar a qualidade do jogo desejado. Ressalta-se que o objetivo não é menosprezar a importância dos trabalhos individualizados, em grupo ou setoriais, pois são complementos essenciais. Precisamos, sim, ter o cuidado de reduzir sem empobrecer e treinar as partes sem afastá-las do todo.

O treino complementar é uma excelente abordagem para a qualificação do jogador e, consequentemente, do jogo. É importante enfatizar atividades que possibilitem desenvolver potencialidades individuais em nossos futebolistas, por exemplo: jogadores com desequilíbrios musculares e dificuldades em gestos técnicos necessitam de um cuidado especial nesses aspectos. Cada jogador apresentará uma demanda individual, que deve ser analisada e treinada.

É importante destacar que os jogadores estão, ou deveriam estar, em constante processo de formação até o fim de suas carreiras. A formação não se limita às divisões de base.

O todo deve ser também o contexto que proporcione a cada jogador individual, a cada parte, a manifestação da sua singularidade plena. Dessa forma, o individual é também muito importante. Não se trata de não ver a floresta (a equipe), por só se ver as árvores (os jogadores), mas de ver as-árvores-e-a-floresta (Luís Lourenço, 2010).

Esse processo permitirá que a equipe esteja adaptada a uma determinada forma de jogo. Isso fará com que hábitos sejam desenvolvidos, potencializando as individualidades dos jogadores dentro da especificidade pretendida.

O jogador, então, é inserido em uma cultura, na qual comportamentos vão sendo vivenciados constantemente. Isso facilitará sua adaptação, e por consequência permitirá a esse jogador mais criatividade. Quando o atleta já se sente adaptado, tende a desenvolver mais liberdade para realizar as ações exigidas dentro de uma partida.

Por isso, quando recebemos um novo jogador em nossa equipe, precisamos ter consciência de todo esse processo. Levar em consideração que ele estava inserido em uma outra cultura, outras exigências, e, portanto, precisará de uma aculturação, de uma adaptação dentro do nosso contexto. Esse atleta não precisará, apenas, se condicionar fisicamente, terá sim que se condicionar dentro da especificidade do nosso jogar.

Cada jogador e a equipe passam por um processo de "educação tática", se estabelecendo um jeito de jogar específico da equipe. O treinador Louis Van Gall (citado por Rui Pacheco, 2005) refere que "a educação tática dos futebolistas é o elemento mais importante para uma equipe ter sucesso. Os treinadores têm as suas ideias sobre a forma como os jogadores devem evoluir no terreno, mas é necessário que cada um saiba desempenhar a sua tarefa de olhos fechados. A partir daí tudo é mais fácil".

Pep Guardiola, um dos treinadores de maior renome do futebol mundial, reforça essa ideia ao dizer que "o que não se treina, se esquece". Portanto, a base de todo rendimento é o treinamento e o trabalho. Não tanto do ponto de vista quantitativo, mas nos aspectos da qualidade e do sentido dele: "O conceito é mais importante do que o físico". O treinador transmite a ideia com a palavra, mas o jogador a assimila com a prática reiterada, dirigida e corrigida. "Treinando, convencemos os jogadores aos conceitos táticos". A assimilação plena da ideia se adquire em contextos que se aproximam da competição: "Aprende-se o conceito tático jogando, porque o real é o jogo". Ao final, a essência da transmissão de conceitos e ideias de jogo possui uma condição especial de escolha. Não se trata de repetir mecanicamente algumas ações, mas de compreender a razão de cada uma delas: "O treinamento consiste em que os jogadores tomem decisões", define Guardiola. E não basta dizer e treinar; é preciso viver tudo isso como experiência: "Para aprender, é preciso experimentar". Não basta que alguém lhe diga. Para corrigir verdadeiramente um defeito, primeiro é necessário sofrer suas consequências". O erro e as derrotas são grandes estimulantes da correção e progresso (Martí Perarnau, 2017, p. 44-45).

Cabe ao Treinador dar clareza a esse processo, facilitando a construção de um ambiente rico, com aprendizagem constante. Tendo conhecimento sobre seus jogadores, entendendo quais são suas potencialidades e limitações, e a partir daí desenvolver e potencializar a construção de um jogar.

Como já mencionamos anteriormente, a adaptação é crucial para o sucesso do processo de liderança do treinador, e essa mesma adaptabilidade se estende ao aspecto tático. Chamaremos essa adaptação tática de estratégia.

5.1 A ESTRATÉGIA POTENCIALIZA A TÁTICA

A estratégia estará sempre associada à tática.
(Rui Pacheco)

Nossa equipe possui uma tática definida, uma identidade, uma forma específica de jogar. Dentro dessa dinâmica, podemos nos adaptar a situações de um adversário ou de algum jogo/competição. Vamos manter nossa identidade, mas estaremos abertos para ajustes em determinadas circunstâncias. A estratégia representa essa adaptação da tática. São ajustes que não comprometem nossa identidade, apenas modificam algumas abordagens durante um determinado jogo.

É preciso adaptar a tática da nossa equipe ao rival. Contra quem jogamos? Contra o vazio? Não, jogamos contra outro time que tem qualidades específicas e nós devemos conhecer essas qualidades, saber todos os seus pontos fortes e fracos, temos que radiografar o rival e nos adaptar a ele. Nossa responsabilidade é conhecer contra quem jogamos e fazer com que nossa tática esteja adaptada a essas características. Cada jogador deve conhecer essa realidade do oponente e saber o que deverá fazer em cada circunstância (Pep Guardiola, citado por Martí Perarnau, 2017).

Podemos usar essas adaptações para tirar vantagens das fragilidades de um determinado adversário, ou ainda para nos defender melhor de algum ponto forte do oponente. O fato é que a estratégia é uma grande aliada do treinador. No entanto, vale ressaltar uma analogia feita por Jorge Maciel (2013, p. 17) em relação ao camaleão. Ele diz que o camaleão muda de cor, para se ajustar em determinado ambiente, mas nunca deixa de ser um camaleão. Assim, deve acontecer com nossas equipes. Podemos até nos adaptar em alguns contextos, mas sem nunca perder nossa identidade.

> *O camaleão pode, em função do contexto ao qual é sensível, nuanciar o seu fenótipo com o intuito de melhor preservar a sua integridade, no entanto, jamais subverte a sua identidade. E o jogar de qualidade deve manifestar-se deste modo, deve ser sensível ao contexto e nuanciar-se para melhor dar respostas aos diferentes padrões de problemas que enfrenta, mas sem perder a sua identidade, isto é, mantendo a concretização das suas regularidades (macro) e que caracterizam os seus desempenhos. Esta nuanciação sem implicações na dominância, isto é, de modo a que a dominância esteja nas regularidades e não na novidade que o sistema comporta, pois, como foi referido, estas interferências são de extrema sensibilidade. Quando as equipes sobrevalorizam a dimensão estratégica sobre a dimensão tática, que por ser identitária se deve assumir como supra, o que sucede é que a equipe se metamorfoseia não como um camaleão, mas sim como um palhaço! Os palhaços mascaram-se, mas a sua identidade é escondida ou subvertida. Os jogares 'palhaços', acredito, podem muito bem ser motivo de riso, mas dos adversários!"*

A estratégia precisa ser desenvolvida, então, em comunhão com nossa identidade. A tática é a gestora do todo, é o que nos caracteriza enquanto equipe. E como equipe precisamos evoluir constantemente, fortalecendo nossos elos e priorizando nossas ações dentro da nossa cultura de jogo.

Mesmo estando em sintonia com a tática, é determinante que o treinador saiba apresentar, aos jogadores, os porquês dessa adaptação estratégica que está sendo aplicada. A estratégia é uma forte ferramenta do treinador, porém precisamos que nossos jogadores acreditem e internalizem essas ideias. Portanto, aplicar atividades direcionadas, e uma apresentação que convença o grupo é fundamental.

No ano de 2019 vivi uma situação que me ensinou bastante. Iriamos enfrentar um grande clube do estado que estávamos trabalhando. Esse clube ainda não havia perdido naquela temporada, contava com um treinador que era ídolo do torcedor, e que vinha desenvolvendo um trabalho bem consolidado. Sabíamos das dificuldades que seriam enfrentadas, mas sabíamos, também, que o adversário tinha uma lógica de jogo bem definida, possuía diversas qualidades, mas como qualquer equipe, também tinha suas fragilidades.

Naquela ocasião, o adversário era o grande favorito, com alta probabilidade de vitória. Nós, por outro lado, precisávamos vencer para continuar na disputa pela classificação. Tínhamos uma semana para nos preparar para aquele jogo. Logo na primeira sessão de treino da semana, reunimos os atletas no auditório para apresentar nossa estratégia para a partida, destacando os pontos fortes e as possíveis fragilidades do adversário. Essa abordagem foi uma novidade para os jogadores, já que normalmente essa apresentação ocorre ao longo da semana, pois o foco principal das sessões sempre foi nosso modelo de jogo.

Porém, para essa partida resolvemos fazer uma adaptação da nossa forma de jogar (estratégia), especialmente na fase ofensiva. O nosso objetivo era, (ao detectar que o adversário marcava em bloco alto e que o goleiro estava quase sempre adiantado) ao sair jogando em construção curta, não tentaríamos construir com passes curtos até a zona de finalização, a ideia seria trocar alguns poucos passes na fase de construção e logo após buscar passes longos nas costas da última linha de marcação do adversário (um lançamento que deveria ser direcionado entre a última linha e o goleiro).

Após apresentar a ideia aos jogadores, operacionalizamos treinos durante a semana, enfatizando essa mudança estratégica. Nossa equipe não tinha tanta característica de fazer lançamentos, porém já tínhamos o perfil de sair jogando curto, com isso a mudança mais acentuada seria a não utilização dos meias como apoio nessa construção, buscaríamos passes diretos nos atacantes que já estavam preparados para realizar as ações de atacar espaços.

Foi assim que treinamos e assim iniciamos a partida. A bola saiu com nosso time, e imediatamente começamos a aplicar a estratégia estabelecida: passes curtos na construção e lançamentos nas costas dos marcadores. Aos 18 segundos de jogo, erramos um passe na construção, perdemos a bola e sofremos o gol, 1x0 para o adversário.

A sensação foi de fracasso imediato. A torcida adversária vibrava em alto e bom som. Quase todo o nosso time olhou na minha direção. A estratégia não começou bem. Minha reação foi de espanto, dúvidas e o desejo de que o jogo acabasse. No entanto, os jogadores no banco começaram a agitar o ambiente, batendo palmas e dizendo: *"Vamos! É só o começo! Sabemos o que tem que ser feito, treinamos para isso!"*

A dúvida pode ser nossa grande adversária nessa carreira, mas ao ouvir os jogadores incentivando seus companheiros, percebi que existia ali uma forte conexão de ideias. Eles não estavam apenas acreditando na ideia do treinador; era a ideia do time. E eu fazia parte desse time. A partir daquele momento, senti ainda mais confiança em seguir com nosso plano. Nosso plano!

É crucial que, como líderes, consigamos desenvolver uma ideia de jogo que não seja apenas do treinador, mas da equipe como um todo, que represente nossa forma de jogar. Isso motiva e dá identidade ao grupo de trabalho, trazendo sentido à prática.

Após o gol sofrido, seguimos com a estratégia treinada. E ainda no primeiro tempo empatamos e viramos o placar (1x2). A vibração foi grande, a sensação de pertencimento de todos foi nítida, inclusive dos que estavam no banco de suplentes. Eles contribuíram muito naquela semana de trabalho árduo, dentro de uma ideia que, repito, era nossa.

Sabíamos que o adversário já havia percebido nossa estratégia e se adaptaria a ela. Por isso, tivemos que nos readaptar também. O segundo tempo foi muito intenso, e optamos pelo contra-ataque como principal forma de ataque, já que não mantínhamos tanto a posse de bola. Conseguimos segurar o placar e alcançamos uma grande vitória na base do esforço, da coletividade e da estratégia.

Ao discutir estratégia, é importante ressaltar outro aspecto para além do jogo: somos profissionais em constante aprendizado e adaptação. Isso também se revela como um fator estratégico em uma carreira que nos leva a empreender incessantemente. Optar por ser treinador de futebol é, de fato, optar pelo empreendedorismo.

"Técnico, físico, psicológico e estratégico, nela estão
não sendo nenhum deles o que ela é...!
Sem eles ela não existe,
a organização...
Já que é deles que emerge, então,
a tática, não é?"

"Dimensão tática
É cultura é postura...
Habituação adquirida na prática
é a identidade que se procura".

Vítor Frade

TREINADOR EMPREENDEDOR

Muitas coisas não ousamos empreender por parecerem difíceis; entretanto, são difíceis porque não ousamos empreendê-las.

(Sêneca)

CAPÍTULO 6

SER TREINADOR É SER EMPREENDEDOR

O grande risco é não assumir nenhum risco. Em um mundo que muda, de verdade, rapidamente, a única estratégia com garantia de fracasso é não assumir riscos.

(Mark Zuckerberg)

Quem sabe faz a hora, não espera acontecer.

(Geraldo Vandré)

Embora comumente associada à gestão de negócios, a mentalidade empreendedora transcende esse âmbito, abrangendo uma variedade de práticas relacionadas ao trabalho. Essa abordagem dinâmica pode ser aplicada para impulsionar o progresso da carreira individual, fomentar a evolução do conhecimento, alcançar metas estabelecidas, aumentar a lucratividade, a rentabilidade, a produtividade e a competitividade no mercado.

Usando o conceito do dicionário da língua portuguesa, "empreender" significa iniciar ou realizar uma ação, geralmente com determinação e coragem, visando alcançar determinados objetivos ou resultados.

Cortella (2021) enfatiza que empreender é ir em busca em vez de aguardar passivamente que algo se realize. Ele sugere que poderíamos nos inspirar nos versos "quem sabe faz a hora, não espera acontecer", presentes na música *Para não dizer que não falei das flores*, de Geraldo Vandré. Nesse sentido, a atitude empreendedora é criar as oportunidades em vez de esperar que elas simplesmente aconteçam.

Quem empreende não apenas espera, mas faz acontecer, ainda que corra riscos. Esse princípio se aplica a diversas profissões, e com o treinador não é diferente. Ser treinador é assumir uma postura de risco, reconhecendo que não atuamos em um ambiente sobre o qual temos controle absoluto. Estamos imersos em um contexto em que os resultados precisam ser cada vez mais instantâneos.

Vivemos em uma sociedade onde tudo é rápido, tudo é instantâneo. Fotos, comidas, mensagens... tudo imediato. Mas no futebol, não é bem assim. Precisamos de tempo para desenvolver ideias e potencializar trabalhos. No entanto, para conquistarmos esse tempo, precisamos vencer. É uma lógica invertida: só teremos tempo se vencermos e, a partir daí, desenvolvemos o potencial da equipe.

Não é o ideal, mas é a realidade de quem decidiu empreender na área técnica do futebol. Precisamos nos adaptar constantemente. Como já foi dito, o treinador precisa ser um expert em adaptação.

Ninguém está isento de riscos, seja no futebol ou na vida. Portanto, devemos ter em mente que os riscos são inerentes ao processo de empreender e de buscar excelência no que fazemos. O que não podemos é encarar os riscos como algo que nos paralisa e nos impede de prosseguir. Eles existem e precisamos reconhecer sua existência. A partir disso, devemos planejar, estudar, conhecer possibilidades, desenvolver habilidades e construir um caminho com maior segurança.

A segurança no futebol, especialmente para o treinador, parece algo distante, quase inalcançável, mas é uma busca constante que devemos empreender, aliada à preparação. Medos e dúvidas são normais nesse percurso e, eu diria, até essenciais. Empreender é agir mesmo com medo; isso é coragem. Coragem não é a ausência do medo, mas sim a capacidade de superá-lo.

Esse conceito de coragem ouvi em uma palestra do professor Cortella, que, também, publicou em seu livro *Quem Sabe Faz a Hora* (2021, p. 66) um trecho que me despertou grande reflexão, no qual ele ressalta a importância do medo:

> *Um dos aprendizados mais valiosos que tive, ainda criança, foi compreender que o medo pode ser um aliado. Mais tarde, fiz questão de passar essa ideia para os meus filhos e netos. O medo não pode paralisar, mas ele deve servir para nos deixar atentos, prevenidos. Alguém que diz nada temer torna-se absolutamente vulnerável. Eu fico apreensivo quando alguém diz alguma bravata, como: "No meu vocabulário não existe a palavra medo". Quem fala assim costuma não se acautelar.*
>
> *O empreendedor deve compreender que o risco faz parte da empreitada, portanto o fracasso é uma possibilidade, mas não é uma obrigatoriedade. E ele precisa ter em mente também que a única maneira de sair de onde está, de avançar, é seguir caminhando.*
>
> *Levar o risco em consideração é um sinal de lucidez. É saudável temer o risco, somente no sentido de cautela e de aprimoramento da preparação, jamais de paralisia ou inércia".*

Ser treinador é desafiador, empreender é desafiante. Tentaremos de diversas formas dedicarmos esforços às nossas ações, e pode ser que as coisas não saiam como planejado, por isso, precisamos estar dispostos a recomeçar quantas vezes forem necessárias. Não podemos ter medo de tentar novamente. Quando crianças, acreditávamos que podíamos reiniciar quando algo não saía do jeito que queríamos. Em algum momento, ao longo do caminho para a vida adulta, esquecemos que ainda temos essa permissão.

Precisamos investir diariamente nessa construção. Empreender se torna difícil porque o mercado está mudando constantemente, e nós não. Tendemos a ignorar mudanças, a ter resistência sobre o "novo". Isso nos paralisa.

Outro fator paralisante é que nós não fomos ensinados a desenvolver uma carreira, não aprendemos isso na escola. Infelizmente, muitos de nós internalizamos a ideia de que quanto menos riscos, melhor. No entanto, construir uma carreira envolve assumir riscos constantes. Jon Acuff, autor do best-seller *Reinicie* (2017, p. 16), é enfático em dizer:

"Fomos ensinados a trabalhar, não a construir carreiras".

Encontraremos diversos obstáculos em nosso percurso de desenvolvimento, mas é fundamental manter a convicção do que desejamos. A persistência será uma chave importante nessa jornada, embora saibamos que algumas portas não se abrirão apenas com ela.

Outro fator determinante é o investimento em nossa saúde mental. É essencial buscar ajuda profissional, e a Psicologia se mostra uma aliada indispensável em nossa jornada. Se estudar é um pré-requisito para uma carreira próspera, fazer terapia é tão importante quanto. Nossa saúde emocional desempenha um papel crucial em nosso sucesso na empreitada. Como treinadores de futebol, enfrentamos pressões constantes e é indispensável manter o autocuidado para não sermos derrotados por nossas emoções e sentimentos.

No auge da minha carreira, na maior oportunidade da minha jornada, eu perdi para mim mesmo. Estava no comando de um dos 40 principais clubes do país (naquele momento), mas em alguns jogos, entrava em campo e não via sentido naquilo. Diversas vezes à beira do gramado, na área técnica, ficava me perguntando: "O que estou fazendo aqui?" Era um pensamento contraditório, pois sempre foi meu maior sonho, desde o primeiro dia na faculdade, quando já declarava: "Quero ser treinador de futebol." No entanto, ali, no auge, comecei a perder todo esse sentimento. Por quê? Eu não conseguia entender. A verdade é que absorvi muita negatividade (dando espaço para comentários externos, redes sociais, imprensa), carregava comigo acontecimentos dos clubes anteriores; perdi minha identidade e acreditei mais nos outros do que em mim mesmo. E isso é fatal, nossa saúde mental deteriora e perdemos o controle de tudo.

Por isso, venho aprendendo que antes da alcançarmos alta performance, é necessário priorizar a auto performance, cuidando de nós mesmos, investindo em nossa saúde, na prática regular de exercícios, terapia, boa alimentação e descanso. Cuidados que não podem ser negligenciados. Muito se fala dos cuidados que um jogador deve ter, mas pouco se destaca essa mesma necessidade com o treinador.

Liderar nossas emoções e a nós mesmos, antes de liderar os outros, é essencial. Dr. Michael Gervais, renomado psicólogo do esporte, destaca que "a maestria em qualquer área começa com a maestria de si mesmo". É o autoconhecimento e o gerenciamento pessoal que nos permitem manter a clareza e a resiliência necessárias para enfrentar os desafios e alcançar nossos objetivos.

Devemos desenvolver essa capacidade de compreender e gerenciar nossas próprias emoções, bem como as emoções dos jogadores e da equipe como um todo. Essa inteligência emocional nos levará a manter a calma e a clareza de pensamento sob pressão, tomar decisões ponderadas e construtivas mesmo em situações adversas, e cultivar um ambiente positivo e motivador para nossos jogadores.

Ser treinador vai muito além de saber chutar uma bola, é necessário dar sentido a esse chute. Nossa missão é dar sentido à prática.

Ser treinador é desenvolver pessoas e equipes, é direcionar um projeto dentro de uma instituição, é desafiar a si mesmo e aos outros. Ser treinador é sair das demarcações da "área técnica" (mesmo infringindo algumas regras e tomando cartões). Quebrar algumas pequenas regras pode ser importante no jogo e na vida. Nem tudo que está estabelecido sobre nossa profissão está concluído, é importante pensar para além da área técnica. Devemos estudar o presente e o passado, refletir sobre eles e buscar superá-los constantemente.

Precisamos buscar entendimento para além do futebol. Ser treinador é empreender num ambiente resistente e de difícil acesso. Toda preparação é válida e necessária.

O percurso de se tornar um treinador é um processo contínuo de desenvolvimento, tanto na prática quanto na reflexão sobre essa prática. É algo que construímos ao longo do tempo, moldando-nos e aprimorando-nos constantemente.

E nunca se esqueçam das palavras contundentes do mestre Manuel Sérgio:

É o homem que somos que triunfa no treinador que queremos ser.

CONVERSAS PARA ALÉM DA ÁREA TÉCNICA

CAPÍTULO 7

CONVERSAS PARA ALÉM DA ÁREA TÉCNICA: COM JÚLIO GARGANTA

Reservei este espaço para receber um convidado especial para uma breve conversa sobre os temas abordados neste livro, o Prof. Dr. Júlio Garganta. Agradeço imensamente ao professor. A contribuição desta conversa é inestimável.

Júlio Garganta é um destacado professor português, doutor em Ciências do Desporto e notoriamente reconhecido por sua contribuição ao estudo e desenvolvimento do futebol. Atuando na Universidade do Porto, desenvolve diversas pesquisas direcionadas para a aplicação de metodologias inovadoras no treinamento esportivo. Garganta também é consultor de várias organizações desportivas e tem um papel ativo na promoção da ciência do esporte em Portugal, combinando rigor acadêmico com experiência prática no campo do futebol.

O professor Júlio Garganta é uma referência essencial no meu desenvolvimento. Seus livros, textos, artigos e palestras me inspiram a me tornar cada vez mais apaixonado pelo conhecimento. A clareza e profundidade com que ele escreve e fala sobre futebol são cativantes, despertando em nós um grande desejo de aprender.

Ao receber sua resposta positiva para participar deste projeto, senti-me imensamente feliz e honrado. Enviei-lhe os temas abordados nesta obra, para que ele pudesse contribuir com nossas reflexões. A seguir, apresento suas observações sobre os temas, uma contribuição única que nos enriquece profundamente.

"Do treinador espera-se que seja íntegro, empático com as pessoas com quem se relaciona, claro e assertivo. Mas também corajoso para se bater pelas suas ideias e para estar disposto a dar tudo por elas".

PROFESSOR JÚLIO GARGANTA

Definição de Modelo de Jogo na ótica do Professor Júlio Garganta, e de que forma o Modelo potencializa o trabalho do treinador no aspecto geral do processo.

O modelo de jogo é uma referência, um ideário de princípios que orienta o processo de aquisição de uma forma de jogar o jogo, e de o treinar. Assim, a evolução dos jogadores e das equipas tem como referência esse meta-nível.

Embora as facetas da operacionalização do modelo de jogo e de treino devam estar em estreita sintonia, não devemos confundir o mapa (modelo) com o território (aplicação/operacionalização). Daí que seja muito importante perceber, a todo o momento, a que distância nos encontramos daquilo que idealizamos, e o que precisamos de fazer para corrigir a trajetória, caso estejamos a desviar do pretendido.

Não raramente, a modelação é entendida como um fechamento, ou uma forma de rotular e padronizar os comportamentos. Ora, quando invocamos o conceito de modelo, referimo-nos a ideias, princípios, intenções e fundamentos para jogar de acordo com o que se pretende que seja a matriz identitária da equipa, mas de modo que o processo tenha um grau de abertura considerável.

Assim, importa que os modelos sofram as devidas alterações, à medida que os vamos tentando operacionalizar. O processo torna-se tanto mais rico quanto mais os jogadores e as equipas conseguirem enriquecer o modelo e o levarem a transformar-se positivamente.

Em síntese, o modelo de jogo é uma referência imprescindível que enquadra e potencializa a intervenção do treinador, guiando-o na busca da coerência entre o modo como se treina a equipa e os jogadores, e o modo como são geridas as dinâmicas de jogo.

Desenvolvimento da "inteligência de jogo" do futebolista, e a autonomia como ferramenta importante nesse processo.

A inteligência não se ensina, mas aprende-se e treina-se, a partir da vivência em contextos propícios ao seu desenvolvimento.

Os ambientes de treino e os treinadores tanto podem ajudar ao desenvolvimento da inteligência de jogo, como estorvar a que ela seja fomentada, tudo depende do modo como o processo é conduzido e assimilado.

Sempre que impomos soluções antecipadas aos jogadores, ou estandardizamos as soluções em relação a determinados problemas que ocorrem no jogo, estamos a criar jogadores reprodutores e dependentes, em vez de contribuirmos para o surgimento de praticantes autónomos, inteligentes e criativos. Isto porque somos nós quem decidimos e não eles. E quando a decisão e a autonomia não são cultivadas no treino, muito dificilmente terão lugar no jogo.

Assim, o que os treinadores podem fazer para que a inteligência se desenvolva, é criar ambientes que induzam os praticantes a tornarem-se inteligentes, sugerindo situações-problema a que os jogadores devem responder a partir da sua forma de perceber o jogo, sendo eles próprios donos das decisões que tomam, para melhor interagirem no jogo. Portanto, importa incentivar a respetiva autonomia para que resolvam as situações de jogo e assumam a responsabilidade dessas decisões. Na verdade, quem joga são os jogadores e para tal devem estar preparados.

Neste livro abordamos que treino é a principal ferramenta de trabalho e de liderança do treinador. O impacto do treino é cada vez maior no processo de liderança do treinador de futebol.

Não há apenas uma forma de jogar e de treinar futebol. Treinar implica transformar comportamentos, e, sobretudo, atitudes, optando por um caminho de entre muitos possíveis. Nesse contexto, o treinador assume-se como figura nuclear, pois a ele compete gerar e gerir todo o processo de preparação desportiva.

A principal ferramenta do treinador é o processo de treino, por meio do qual se pretende que potencie as capacidades dos jogadores e que construa uma equipa para dar corpo a uma forma de jogar. Todavia, o papel do treinador de futebol não deve ser entendido nos limites restritos do "técnico", do instrutor ou do adestrador, pois dele se espera que seja capaz de liderar o processo global de evolução dos praticantes a seu cargo, na procura do rendimento desportivo.

Nesse contexto, a atuação do treinador, enquanto líder de um coletivo e de um projeto, não se confina à direção *in situ* da atuação dos jogadores, no treino e na competição.

Para conseguir liderar adequadamente e de passar a mensagem a quem por ele é liderado, o treinador de futebol deverá conhecer a modalidade em todas as suas facetas, e mostrar a sua competência na condução das situações de treino, sabendo que será chamado, a cada momento, a tomar decisões sobre questões técnicas, táticas, logísticas, etc., e a assumir as respetivas consequências. Tal multiplicidade de requisitos torna imprescindível a existência de um sólido capital de competência técnica, de personalidade e de inteligência estratégica.

A função do treinador é, pois, ampla, e a experiência demonstra que o êxito na condução de pequenos grupos, como as equipas, requer, para além das competências técnicas, uma significativa capacidade de comunicação.

Então, a eficácia da liderança do treinador depende, em linha direta, das suas competências técnicas acerca do treino e do jogo, mas também de competências de comunicação e de gestão de ideias e pessoas.

Qual conselho daria para quem está iniciando o percurso de desenvolvimento da carreira de Treinador de Futebol?

Não tenho conselhos para dar. Para me abalançar a tal, teria de conhecer bem todos os ambientes em que os treinadores irão atuar, o que não é viável.

Mas o que a minha experiência me diz é que, qualquer pessoa que pretenda liderar seres humanos e grupos, deve-se preocupar, para além das competências técnicas, com o apuro de certas qualidades e valores que se filiam na ética e na dignidade profissional.

Tenho vindo a salientar a importância da humanização do treino e do jogo, o que implica que o treinador tenha caráter e capacidade empática. O melhor treinador é o que inspira, o que faz acreditar, o que convence que vale a pena fazer o caminho para alcançar o que ambicionamos, e que todo o caminho não é linear, nem fácil, tem problemas, obstáculos, reveses.

Admito que o mais importante não são os títulos, nem as taças, mas o modo como eles são conquistados. E ainda mais importante são as marcas que deixamos nas pessoas que por nós vão passando e por quem nós passamos.

Do treinador espera-se que seja íntegro, empático com as pessoas com quem se relaciona, claro e assertivo, mas também corajoso para se bater pelas suas ideias e para estar disposto a dar tudo por elas.

Importa ser original, o que implica saber ver as coisas com os próprios olhos e não com os olhos dos outros.

Tal implica que cultive o ato de pensar e de questionar as coisas, desenvolvendo capacidade para construir o próprio conhecimento.

Parece-me que estes são pressupostos relevantes para quem pretende abalançar-se a desempenhar a função de treinador, nos exigentes e complexos ambientes do futebol.

CAPÍTULO 8

FINALIZAÇÃO

Medo, entre aspas, só de Deus. Sou um católico profundo, creio muito. Creio no Seu poder e da Sua justiça. Se tiver tranquilidade, saúde e alegria de viver, não tenho medo de mais nada.

(José Mourinho)

Na minha formatura do curso de Educação Física, fui encarregado de compartilhar uma mensagem de fé com todos os presentes. Escolhi uma passagem da *Bíblia Sagrada*, um livro que considero extremamente poderoso e essencial para moldar nossos comportamentos. A Bíblia tem contribuído significativamente para a minha jornada. Mais do que um texto religioso, suas narrativas oferecem ensinamentos profundos e lições valiosas que enriquecem nosso crescimento geral, com um impacto especial na nossa evolução espiritual, uma área que buscamos alinhar constantemente.

A passagem que mencionei está na Primeira Carta do Apóstolo Paulo aos Coríntios, capítulo 13. Ela apresenta uma mensagem muito significativa, na qual Paulo fala sobre a importância do amor e como, sem ele, não construímos nada de concreto.

Este capítulo da carta tem início com o uso de hipérboles que ressaltam o quanto o amor é indispensável:

> 1 Ainda que eu fale as línguas dos homens e dos anjos, se não tiver amor, serei como o sino que ressoa ou como o prato que retine. 2 Ainda que eu tenha o dom de profecia, saiba todos os mistérios e todo o conhecimento e tenha uma fé capaz de mover montanhas, se não tiver amor, nada serei. 3 Ainda que eu dê aos pobres tudo o que possuo e entregue o meu corpo para ser queimado, se não tiver amor, nada disso me valerá.

Para encerrar, o Apóstolo Paulo faz uma forte afirmação que ressalta a importância do amor:

Assim, permanecem agora estes três: a fé, a esperança e o amor. O maior deles, porém, é o amor.
1Coríntios 13:13

Olha o número 13 aí. Como mencionei, o número 13 tem um significado especial para mim. Essa passagem marcou minha vida desde a época da formação acadêmica, e costumo compartilhá-la com meus jogadores. No entanto, vimos que, em determinado clube, eu não podia mencionar o número 13. Então, lá, esse capítulo era referido como 12+1 (1 Coríntios 12+1). Sabemos que adaptar-se aos contextos é importante, mas é igualmente essencial não deixar de partilhar nossos valores, assim como no processo da estratégia de jogo, seja como o camaleão, que muda de cor, mas não deixa de ser um camaleão.

Várias abordagens e reflexões podem ser extraídas dessa passagem, mas o que quero enfatizar é que, mesmo dominando todo o conhecimento, possuindo toda a riqueza material e tendo uma fé inabalável, sem amor não somos nada. O amor é um ingrediente essencial em nosso percurso, é ele que nos impulsiona na trajetória, nos faz suportar momentos de crise, dificuldades e obstáculos. Trabalhar com o que se ama e amar aquilo com que se trabalha. O amor é o combustível central para a realização dos nossos sonhos. Foi com muita esperança, fé e, principalmente amor, que reuni as condições necessárias para viver esse percurso e para dar vida a este livro, que sempre foi um grande sonho e um enorme desafio.

Escrever é, por si só, um desafio. Escrever sobre uma paixão nacional intensifica essa demanda. No entanto, tudo isso brota da necessidade de aprender, de trocar ideias, de contribuir com aqueles que buscam incessantemente por desenvolvimento e formação contínua dentro desse contexto que tanto valorizamos. Finalizando esse projeto, percebemos que nosso percurso de desenvolvimento profissional é complexo; e requer de nós empenho permanente. Temos muito ainda por dizer e fazer.

Finalizar nem sempre representa o fim de uma jogada; muitas vezes, é apenas o início de novas ações dentro da partida. Finalizo este livro na esperança de que ele possa servir como um impulso para suas próximas estratégias nesse jogo competitivo que escolhemos participar. Que cada página lida gere um novo insight, uma nova possibilidade a ser aplicada, e que juntos possamos avançar em direção às nossas metas.

Ser treinador de futebol exige dedicação contínua. É fundamental estarmos dispostos a nos adaptar diariamente para não sermos surpreendidos pelas incertezas inerentes à profissão.

É crucial que exercitemos nossa liderança não apenas ao interagir com os outros, mas, acima de tudo, ao gerenciar a nós mesmos. Devemos ser líderes de nossas próprias vidas, guiando nossas ações e comportamentos com firmeza e consciência. O autoconhecimento torna-se, assim, um aliado indispensável nesse processo.

Devemos fortalecer o hábito da adaptação dentro desse "processo seletivo" que a carreira de treinador nos impõe. Esse processo demanda conhecimento, paixão, curiosidade e intensidade — e, acima de tudo, prática. Então, faça! Faça novamente! E mais uma vez! Pois, como diz o professor Júlio Garganta, "Ninguém é bom naquilo que não faz", e eu acrescento: repetidamente.

Finalizou? Não fez o gol? Não alcançou o objetivo? Se ainda não obteve o resultado desejado, continue. Reinicie a jogada quantas vezes forem necessárias. Em breve estaremos de volta à arena, na "cara do gol", e é crucial estarmos preparados para aproveitar a próxima oportunidade. E se já alcançou o seu objetivo, continue no processo. Na vida de um treinador, o jogo não termina quando o árbitro apita.

Obrigado por esta incrível jornada, nos encontraremos novamente nos campos e nos livros da vida.

Ninguém começa a ser treinador numa certa terça-feira às quatro horas da tarde.

Ninguém nasce treinador ou marcado para ser treinador.

A gente se faz treinador, a gente se forma como treinador, permanentemente, na prática e na reflexão sobre a prática.

(adaptado de Paulo Freire, em *A Educação na Cidade*, por Isabel Mesquita)

REFERÊNCIAS

ACUFF, Jon. **Start**. São Paulo: Editora Figurati, 2017.

ACUFF, Jon. **Reinicie**: Resgate a segunda-feira, reinvente seu trabalho e nunca fique na mesma. São Paulo: Editora Figurati, 2017.

ALVES, Rubem. **O amor que acende a lua**. 8. ed. Editora Papirus, 214 p. 1999.

ARAÚJO, D. O treino da capacidade de decisão. **Revista Treino Desportivo**. Lisboa: CEFD, 1997.

BARBOSA, A. **Métodos de jogo ofensivo no futebol**. Comparações dos padrões de jogo das equipes Internacional de Milão e Real Madrid. 2013. Tese (Doutorado) – Instituto Nacional de Educação Física da Catalunha – Universidade de Lleida, Lleida, 2013. (Não publicada)

BARBOSA, A. Diferenças entre periodização convencional, periodização táctica e treino integrado. **Revista Digital**. Buenos Aires, v. 122, 2008.

BARBOSA, Antonio. **Os Jogos por trás do Jogo**: O futebol visto por investigadores e treinadores. 1. ed., Estoril: Prime Books, 2014.

BEAHM, George. **O mundo segundo Mark Zuckerberg**. Rio de Janeiro: [*s.n.*], 2013.

BÍBLIA, Português. **A Bíblia Sagrada**: Antigo e Novo Testamento. Tradução de João Ferreira de Almeida. Edição rev. e atualizada no Brasil. Brasília: Sociedade Bíblia do Brasil, 1969.

CARROLL, Lewis. **Alice no país das maravilhas**. Porto Alegre: LPM, 1998.

CARVALHAL C. **Entre Linhas**. 1. ed. Lisboa: Prime Books, 2014.

CARVALHAL C. **No treino de futebol de rendimento superior**. A recuperação é... Muitíssimo mais que "recuperar". Braga: Liminho Indústrias gráficas, 2002.

CARVALHAL. C. **Futebol**. Um saber sobre o saber fazer. 1. ed. Lisboa: Prime Books, 2014.

CARVALHAL, C. Prefácio. *In*: AIMERO, Nuno; **Defesa à zona no futebol** – Um pretexto para reflectir sobre o "jogar"... bem, ganhando! Lisboa: Visão e Contextos, 2007.

CORTELLA, Mário Sérgio. **Qual é a tua obra?** Inquietações propositivas sobre gestão, liderança e ética. Petrópolis: Editora Vozes, 2015.

CORTELLA, Mário Sérgio. **Por que fazemos o que fazemos?** – Aflições vitais sobre trabalho, carreira e realização. São Paulo: Editora Planeta, 2016.

CORTELLA, Mário Sérgio. **Quem Sabe Faz a Hora**. Iniciativas decisivas para gestão e liderança. São Paulo: Editora Planeta, 2021.

CORTELLA, Mário Sérgio. **Superar, Inovar e Transformar**. Palestra apresentada dia 9 de outubro. Em Apalestra Eventos, Fortaleza - Brasil, 2019.

CURY, Augusto. **O Futuro da Humanidade** – A saga de Marco Polo. 1. ed. Rio de Janeiro: Editora Sextante, 2020.

DAMASIO, A. **Em busca de Espinosa**. Lisboa (Portugal): Editora Temas e Debates, 2004.

DAMÁSIO, A. **O erro de Descartes**: emoção, razão e o cérebro humano. Lisboa: Temas e Debates, 2012.

DAMASIO, A. R. **O Erro de Descartes**: emoção, razão e o cérebro humano. São Paulo: Companhia das Letras, 1996. p. 337.

Especificidade, o modelo de jogo e o exercício específico. *EFDeportes.com*, **Revista Digital**, 20 (205). Disponível em: https://www.

efdeportes.com/efd205/sobre-a-periodizacao-tatica-especificidade.htm. Acesso em: 17 maio 2024.

FARIA, Rui. **"Periodização Tática" Um imperativo Conceptometodológico do Rendimento Superior em Futebol**. 1999. Dissertação (Licenciatura) – Faculdade de Ciências do Desporto e de Educação Física, Universidade do Porto. Portugal, 1999.

FERRÃO, Bernardo. **O Efeito Lage**. Como o treinador do Benfica revolucionou o futebol da equipa e a levou ao título nacional. 1. ed. Lisboa: Editora Prime Books, 2019.

FERREIRA, Abel. Martinho, C. Martins, J. Costa, Tiago. Castanheira, V. **Cabeça Fria, Coração Quente**. Uma viagem pelos bastidores da equipe técnica: segredos, reflexões e métodos de trabalho revelados em primeira pessoa. São Paulo: Granoa Livros, 2022.

FONSECA, H., GARGANTA, J. **Futebol de Rua** – Um beco com saída. Lisboa: Visão e Contextos, 2006.

FRADE, V. **"Fora de Jogo" o tempo todo**. 1. ed. Lisboa: Editora Prime Books, 2015.

FRADE, Vitor Manuel da Costa, **"Curar o Jogar**: Memórias terapêuticas transgressoras do pulhiticamente correto". Lisboa: Editora Prime Books 1. ed. 2015.

FRADE, Vitor Manuel da Costa. Entrevista. *In*: TAMARATI, Xavier. **Periodización Táctica vs Periodización Táctica**. Madrid: Editorial MBF, 2013.

FREIRE, Paulo, 1921-1997. **Pedagogia da Autonomia**: saberes necessários à prática educativa. 1. ed. Rio de Janeiro: Paz e Terra, 2021.

GAITEIRO, B. R. V. N. **A ciência oculta do sucesso**: Mourinho aos Olhos da Ciência. 2006. Monografia (Licenciatura em Desporto e Educação Física) – Universidade do Porto, Porto, 2006.

GALEANO, Eduardo. **As veias abertas da América Latina**. 14. ed. Rio de Janeiro: Paz e Terra, 1979.

GAELANO, Eduardo, 1940-2015. **As palavras andantes**. Ilustrações de J. Borges; tradução de Eric Nepomuceno. Porto Alegre: L&PM, 2015.

GALL, V. Treinadores não nascem de geração espontânea. **Jornal A Bola,** p. 30-31, Madrid, 1998.

GARCÍA, E. G.; VEIGA, E. C. **O construtivismo e as funções mentais**. Diálogo Educ. Curitiba, v. 7. n. 20. p. 91-102. 2007. DOI: 10.1590/S0034-71672006000500019.

GARGANTA, J. [1998]. **Analisar o jogo nos jogos desportivos coletivos**. Horizonte: Revista de educação física e desporto, XIV.

GARGANTA, J. **Modelação táctica do jogo de Futebol**. Estudo da organização da fase ofensiva em equipas de alto rendimento. 1997. Dissertação (Mestrado em Ciências do Desporto) – Universidade do Porto: Faculdade de Ciências do Desporto e de Educação Física, 1997.

GARGANTA, J. Dos constrangimentos da acção à liberdade de (inter)acção, para um Futebol com pés ... e cabeça. *In*: Duarte Araújo (ed.), **O contexto da decisão**. A acção táctica no desporto. Lisboa: Visão e Contextos, 2005. p. 179-190.

GARGANTA, J. Modelação táctica em jogos desportivos – A desejável cumplicidade entre pesquisa, treino e competição. *In*: F. Tavares, A. Graça, J. Garganta, I. Mesquita (eds.), **Olhares e contextos da performance nos jogos desportivos**. Universidade do Porto: Faculdade de Desporto, 2008.

GARGANTA, J. Trends of tactical performance analysis in team sports: Bridging the gap between research, training and competition. **Revista Portuguesa de Ciências do Desporto**. 2009.

GARGANTA, J. **Em busca da essência da excelência nos jogos desportivos**. Palestra apresentada dia 9 de novembro. Congresso Internacional de Jogos Desportivos. Fortaleza - Brasil, 2019.

GARGANTA, J. O ensino dos jogos desportivos coletivos. Perspectivas e Tendências. Movimento. **Revista Movimento**, Ano IV, n. 8, 1998/1.

GARGANTA, J. **Modelação táctica do jogo de futebol**. Estudo da organização da fase ofensiva em equipas de alto rendimento. 1997. Dissertação (Doutorado em Ciência do Desporto) – FCDEF, Universidade do Porto, Porto, 1997.

GERVAIS, M. **Entrevista**: Performance Psychologist Dr. Michael Gervais Unveils the Science Behind High Performance. Disponível em: https://www.youtube.com/watch?v=tZup8LZQYnc. Acesso em: 5 jun. 2024.

GOLEMAN, D. **Como ser um Líder**. Lisboa (Portugal): Amadora (Portugal). Editora Elsinore, 2015.

GRAÇA A, Oliveira J. (ed.). **O ensino dos jogos desportivos**. Centro de Estudos dos Jogos Desportivos, Faculdade de Ciências do Desporto e de Educação Física da Universidade do Porto, Porto, 1994.

GRAÇA, A. **O conhecimento pedagógico do conteúdo no ensino do Basquetebol**. 1997. Dissertação (Mestrado) – Universidade do Porto, Porto, 1997.

GRECO, Pablo Juan. Conhecimento tático-técnico: eixo pendular da ação tática (criativa) nos jogos esportivos coletivos. **Rev. bras. Educ. Fís. Esp.**, São Paulo: v. 20, set. 2006.

GRECO, Pablo Juan. Conhecimento técnico-tático: o modelo pendular do comportamento e da ação tática nos esportes coletivos. **Rev. Bras. de Psicologia do Esporte e do Exercício**, *[s. l.]*, 2006.

JUNG, Carl Gustav. **Estudos sobre psicologia analítica**. Petrópolis: Vozes, 1978. (Obras completas de C. G. Jung v. VII).

KANT, Immanuel. **Fundamentação da metafísica dos costumes e outros escritos**. São Paulo: Martin Claret, 2003.

LOURENÇO, L. **José Mourinho**. Lisboa: Prime Boocks, 2003.

LOURENÇO, L. **Mourinho a descoberta Guiada**. 8. ed. Lisboa: Editora Prime Books, 2011.

MACIEL J. **Não o deixes matar. O bom futebol e quem o joga**. Lisboa: Chiado Editora, 2011.

MACIEL, J. A. (Corpo)r(Acção) **Precoce dum jogar de Qualidade como Necessidade (ECO)ANTROPOSOCIALTOTAL**. Porto, Jorge Maciel. 2008. Dissertação (Licenciatura) – Universidade do Porto, Porto, 2008.

MACIEL, J. **Não deixes matar o bom futebol e quem o joga. Pelo futebol adentro não é perca de tempo!** Lisboa: Chiado Editora, 2011.

MACIEL, J. **A insustentabilidade do atrevimento e a sustentabilidade nobr(el) da Periodização Tática**. Treino Científico, mar./abr. 2013.

MACIEL, J. O Modelo de Jogo!? "uma pessoa capta a ideia e vai..." **Revista Treino Científico**, *[s. l.]*, n. 7, mar./abr., 2012a.

MENDES, R. Sobre a periodização tática (parte I): o princípio da especificidade, o modelo de jogo e o exercício específico. ***EFDeportes.com***, Revista Digital, ano 20, n. 205, 2015. Disponível em: https://www.efdeportes.com/efd205/sobre-a-periodizacao-tatica-especificidade.htm. Acesso em: 27 maio 2024.

MESQUITA, Isabel. **A Pedagogia do Treino**: A formação em Jogos Desportivos Colectivos. Lisboa: Livros Horizonte, 2020.

MESQUITA, Isabel. **A formação de Treinadores e o trabalho multiprofissional nos Jogos Desportivos**. Palestra apresentada dia 8 de novembro. Congresso Internacional de Jogos Desportivos. Fortaleza – Brasil: 2019.

MESQUITA, Isabel. **O Treinador reflexivo.** Material de apresentação na aula de mestrado em futebol na Universidade do Porto. Portugal: 2024.

MIRANDA, J. P. L. A. **Complementaridades Específicas – DCAPI Dragon Force**. Documento de aula ministrada em Seminário. Porto: Universidade do Porto, 2014. (Não publicado)

MORAIS, T. **Compromisso**: Nunca Desistir. 1. ed. Lisboa: Booknomics, 2006.

MORIN, E. **Introdução ao Pensamento Complexo**. Lisboa, Instituto Piaget, 2008.

MOURINHO, J.; FERREIRA, R. **"Medo? Só de Deus! As melhores e mais controversas frases de José Mourinho"**. Lisboa: Editora Matéria Prima, 2011.

MOURINHO, J. Por Michael Weston. **"Melhores citações de Mourinho"**. 2024. Disponível em: https://www.fourfourtwo.com/features/best-mourinho-quotes. Acesso em: 28 maio 2024.

NIETZSCHE, Friedrich W. **A filosofia na idade trágica dos gregos**. Tradução de Maria Inês Madeira de Andrade. Lisboa: Edições 70, 1995.

OLIVEIRA J. G. **Especificidade**: o Pós-Futebol do Pré-Futebol – Um fator condicionante do alto rendimento desportivo. Trabalho realizado no âmbito da disciplina de seminário. Opção futebol. Porto: FCDEF, 1991.

OLIVEIRA, J. G. **Conhecimento específico em Futebol.** Contributos para a definição de uma matriz dinâmica do processo ensino-aprendizagem/treino do Jogo. 2004. Dissertação (Mestrado) – Faculdade de Ciências do Desporto e Educação Física, Universidade do Porto, Porto, 2004.

OLIVEIRA, J. G. **Conhecimento Específico em Futebol**: contributos para a definição de uma matriz dinâmica do processo de ensino-aprendizagem/treino do jogo. 2004. Tese (Mestrado em Ciência do Desporto) – Universidade do Porto, Porto, 2004.

PACHECO, Rui. **Segredos de Balneário**: A palestra dos treinadores de futebol antes do jogo. 2. ed. Lisboa: Prime Books, 2005.

PERARNAU, M. **Pep Guardiola**: A Evolução. 1. ed. Campinas, SP: Editora Grande Área, 2017.

PIVETTI, B. **Periodização Tática**: o futebol-arte alicerçado em critérios. São Paulo: Phorte, 2012.

SAINT-EXUPÉRY, Antoine de. **O pequeno príncipe**. 48. ed. Rio de Janeiro: Agir, 2009.

SATER, A; TEIXEIRA, R. **Tocando Em Frente**. Maria Bethânia 25 anos, faixa 2 (3:21). São Paulo: Philips, 1990.

SCAGLIA, Alcides José *et al.* O ensino dos jogos esportivos coletivos: as competências essenciais e a lógica do jogo em meio ao processo organizacional sistêmico. **Movimento**, v. 19, n. 4, out./dez. 2013.

SCAGLIA, Alcides José. **Pedagogia, Futebol... e Rua**. 1. ed. Goiânia: Talu Educacional, 2021.

SCAGLIA, Alcides José. **A Pedagogia do Esporte e o Ensino dos Jogos Desportivos**: perspectivas e reflexões. Palestra apresentada dia 7 de novembro. Congresso Internacional de Jogos Desportivos, Fortaleza – Brasil: 2019.

SCAGLIA, Alcides José. **O futebol e as brincadeiras de bola**: a família dos jogos de bola com os pés. São Paulo: Phorte, 2011.

SCAGLIA, Alcides José. Pedagogia do jogo: o processo organizacional dos jogos esportivos coletivos enquanto modelo metodológico para o ensino. **Revista portuguesa de ciências do desporto**, S1A.

Scaloni, L. Entrevista. **Al fútbol le sobra análisis, los jugadores están teledirigidos**. 2024. Disponível em: https://amp.

marca.com/futbol/futbol-internacional/2024/01/26/65b18c-7d46163f33478b4580.html. Acesso em: 17 maio 2024.

SÉRGIO, Manuel. **Filosofia do Futebol**. Não há jogos; há pessoas que jogam. Lisboa: Prime Books, 2011.

SÉRGIO, Manuel. **O Futebol e Eu. De Matateu à atualidade, passando por Eusébio, Pedroto, Mourinho e Jorge Jesus**. Lisboa: Prime Books, 2015.

SHAW, George Bernard. **Heartbreak house**. London: Longmans, 1961.

TEODORESCU, L. **Problemas de teoria e metodologia nos jogos desportivos**. 2. ed. Lisboa: Livros Horizonte, 2003.

TEOLDO, Israel; GUILHERME OLIVEIRA, José; GARGANTA, Júlio. **Para um Futebol jogado com ideias**. Curitiba: Appris, 2015.

TOBAR J. **Periodização Tática**: explorando sua organização concepto-metodológica. 2013. Graduação (Trabalho de Conclusão de Curso) – Universidade Federal do Rio Grande do Sul, Porto Alegre, 2013.

TOBAR, Julian Bertazzo. **Periodização Tática**: Entender e aprofundar a metodologia que revolucionou o treino do futebol. 3.ed. Porto Seguro: Editora Oyá, 2020.

VANDRÉ, G. **O Plantador**. Canto Geral. Lado B, faixa 2 (3:25).

VANDRÉ, G. [1968]. **Pra não dizer que não falei das flores**. São Paulo: RGE Discos, 1994.

VEYNE, Paul. **Sêneca y el estoicismo**. México: Fondo de Cultura Econômica, 1995.